IRONIMUS online

Die Sofademokraten!

Bibliografische Information der Deutschen Nationalbibliothek
Die Deutsche Nationalbibliothek verzeichnet diese Publikation in der
Deutschen Nationalbibliografie; detaillierte bibliografische Daten sind im
Internet über http://dnb.d-nb.de abrufbar.

Satz und Umschlaggestaltung: text + taler GmbH, Hamburg
Herstellung und Verlag: Books on Demand GmbH, Norderstedt
ISBN: 978-3-7322-9044-4

Inhalt

VORWORT

Die Intelligenz Deutschlands und die wenigen engagierten Journalisten verzweifeln ob der Lethargie und des Phlegmas der Deutschen. Es gibt keine Regierung, die die wahren Probleme anpackt, sie alle tun einfach nichts! Noch schlimmer ist eine angsterfüllte Opposition, die keines der Themen aufgreift, die die Deutschen bewegen (sollten)! Und so wird alles beim Alten bleiben! Das Erwachen wird furchtbar sein! Doch große Geister wie Heinrich Heine, Georg Christoph Lichtenberg, Arthur Schopenhauer, Kurt Tucholsky, Thomas Mann, Bertolt Brecht und viele andere sind schon an diesem Volk verzweifelt! Die Leser werden diesen großen Intellektuellen Deutschlands in diesem Buch immer wieder begegnen! Und ihre Kommentare und Gedichte werden nicht sehr schmeichelhaft sein!

Rainer Kahni
Chefredakteur IRONIMUS online

„Die Bürger werden eines Tages
nicht nur die Worte und Taten der Politiker
zu bereuen haben,
sondern auch das furchtbare Schweigen der Mehrheit.“

(Bertolt Brecht)

Viele Deutsche sind ihrem Staat entweder hündisch oder einfach nur gottergeben! Es mangelt an Distanz! Der Staat gehört dem Bürger, das scheint in Vergessenheit geraten zu sein! Wenn aber eine Clique aus Lobbyisten und von niemandem gewählten Politikern den Staat an sich gerissen und den Boden des Rechtes verlassen hat, dann wird Ungehorsam zur ersten Bürgerpflicht! Der Staat ist niemals sakrosankt! Wenn er seinen Zweck nicht mehr erfüllt und Wohlstand, Sicherheit und Reichtum falsch verteilt sind, dann muss der Staat eben von den Bürgern umgebaut werden! Der Weg ist im Grundgesetz, Artikel 146, vorgezeichnet! Die Bürger müssen sich eine Verfassung geben, über die sie selbst abzustimmen haben! Diese Verfassung wird aber von der Oligarchie gefürchtet wie vom Teufel das Weihwasser! Die Obrigkeitshörigkeit vieler Deutscher ist ein Relikt aus feudalistischen Zeiten! Dieser Staat ist morsch und muss erneuert werden! Er funktioniert nicht mehr für alle Bürger, sondern nur noch für wenige! Also modernisiert diesen Staat! Der Staat hat nichts Heiliges an sich, er ist nur eine Verwaltungsbehörde! Alles andere ist eine göttliche Anmaßung der Verwaltungsbeamten, Politiker und Lobbyisten!

J'ACCUSE! = ICH KLAGE AN!

Ich klage an: den Bundespräsidenten der Bundesrepublik Deutschland wegen falscher eidlicher Versicherung: Er hat es bis heute, entgegen seinem Amtseid auf das Grundgesetz, versäumt, gemäß Artikel 146 GG eine verfassungsgebende Versammlung einzuberufen! Außerdem hat er anlässlich seines Besuches bei den deutschen Truppen in Afghanistan die deutschen Soldaten ermutigt, weiterhin einen völkerrechtswidrigen Angriffskrieg zu führen!

Ich klage an: die Bundeskanzlerin der Bundesrepublik Deutschland, dass sie bis heute keinen Antrag im Parlament eingebracht hat, der die Abgeordneten auffordert, den Bundespräsidenten anzurufen, damit dieser eine verfassungsgebende Versammlung gemäß Artikel 146 GG einberuft! Dass sie keine Volksentscheide, keine direkte Demokratie und keine Bürgerbeteiligung bei existenziellen Fragen der Daseinsvorsorge zulässt. Dass sie Einsätze der Bundeswehr befiehlt, ohne selbst den Oberbefehl zu übernehmen, wie es das Grundgesetz vorschreibt!

Ich klage an: sämtliche Mitglieder des Deutschen Bundestages, dass sie es bis heute versäumt haben, den Bundespräsidenten aufzufordern, eine verfassungsgebende Versammlung gemäß Artikel 146 GG einzuberufen. Dass sie bis heute nicht für ihre Altersversorgung selbst Sorge tragen. Dass sie in ihrer Mehrheit gar nicht vom Volk direkt gewählt wurden, sondern entweder über Listenplätze ihrer Parteien abgesichert oder gar in ihren Wahlkreisen abgewählt, aber aufgrund eines grundgesetzwidrigen Wahlgesetzes trotzdem Abgeordnete des Deutschen Bundestages wurden!

Ich klage an: die gesamte Bundesregierung unter dem Ex-kanzler Schröder, dass sie mit den Hartz-Gesetzen circa neun Millionen Deutsche in Armut und Elend getrieben hat! Dass sie Deutschland durch Billiglöhner, Leiharbeiter, Zeitarbeiter und ohne jeden gesetzlichen Mindestlohn einen unlauteren Wettbewerbsvorteil gegenüber seinen europäischen Partnern verschafft und damit ganze Volkswirtschaften ruiniert hat!

Ich klage an: den Bundesfinanzmister, dass er es bis heute zulässt, dass deutsche Banken mit den Sparguthaben der Kunden und mit Steuergeldern auf den internationalen Finanzmärkten spekulieren dürfen, und das zu einer Vielzahl ihres Eigenkapitals! Er behauptet vorsätzlich wahrheitswidrig, dass Banken systemrelevant seien! Durch Schatten-, Neben-, Sonder- und Scheinhaushalte spiegelt er dem deutschen Volk vor, dass es eine niedrige Staatsverschuldung habe, was eine glatte Lüge ist. Deutschland zählt mit fast drei Billionen Euro Staatsverschuldung zu den am höchsten verschuldeten Ländern Europas.

Ich klage an: die Bundesjustizministerin, dass sie bis heute jeden Tag das Grundgesetz bricht, weil sie es zulässt und fördert, dass die deutsche Justiz bis heute keine Trennung von der Exekutive kennt und keine unabhängige Selbstverwaltung, keine eigene Finanzverwaltung, keinen eigenen Disziplinargerichtshof, keine weisungsunabhängigen Staatsanwälte, Generalstaatsanwälte und Generalbundesanwälte hat!

Ich klage an: die bayerische Justizministerin wegen Rechtsbeugung und Freiheitsberaubung, weil sie es wider besseres Wissen duldet, dass Gustl Mollath seit sieben Jahren unschuldig und geistig gesund in einer psychiatrischen Klinik verwahrt wird, nur weil er wahrheitsgemäß behauptet hatte, dass eine bayerische Bank Beihilfe zur Steuerhinterziehung begangen habe, als sie Gelder am Fiskus vorbei für bayerische Kunden in die Schweiz verschoben habe!

Ich klage an: den Bundesinnenminister, dass er es für alle Verantwortlichen folgenlos zuließ, dass eine Gruppe von Neonazis raubend und mordend zehn Jahre durch Deutschland ziehen konnte, ohne dass auch nur ein einziger Beamter für die schweren Versäumnisse der Behörden angeklagt wurde!

Ich klage an: die Bundesminister des Inneren, der Justiz, die Präsidenten des Bundeskriminalamtes, des Bundesverfassungsschutzes, des Bundesnachrichtendienstes und den Bundesbeauftragten für den Datenschutz, dass sie es bis heute zuließen, dass ausländische militärische Abhördienste ungestört von deutschen Behörden auf deutschem Hoheitsgebiet jahrelang Daten von deutschen Bürgern rechtswidrig abhören und speichern konnten!

Ich klage an: den Bundesverteidigungsminister, dass er gemäß dem Grundgesetz die Befehlsgewalt über die Truppen nicht an die Bundeskanzlerin übertragen hat, obwohl sich Deutschland in Afghanistan im Krieg befindet! Dass er es zulässt, dass die US-Streitkräfte von den Kelley Barracks in Stuttgart aus eine weltweite Leitstelle für Drohnenangriffe unterhalten und so Tag für Tag Menschen in aller Welt durch Drohnen töten, ohne Anklage und ohne Urteil. Das ist Beihilfe zum MORD!

Ich klage an: die gesamte Bundesregierung wegen Verschwendung von Steuergeldern in Höhe, nach Auskunft des Rechnungshofes, von circa 60 Milliarden Euro pro Jahr!

Ich klage an: die Bundeslandwirtschaftsministerin, dass sie jährlich circa 80 % aller Subventionen an landwirtschaftliche Konzerne vergibt und damit die produzierten Agrarüberschüsse und die Massentierhaltung noch fördert! Sie nimmt billigend in Kauf, dass circa 50 % der produzierten Lebensmittelüberschüsse vernichtet werden müssen, obwohl jede drei Sekunden ein Kind in dieser Welt wegen Unterernährung stirbt!

Ich klage an: die FDP-Führung, dass sie Mehrwertsteuersenkungen für ihre Hotelklientel durchgesetzt hat, um ihres eigenen persönlichen Vorteils willen! Jährlich werden circa 170 Milliarden Euro der kuriosesten Subventionen vom FDP-geführten Wirtschaftsministerium unter die Wählerschaft gestreut.

Ich klage an: den Bundesgesundheitsminister, dass er nicht schon längst durchgesetzt hat, dass alle Deutschen, Arbeiter, Angestellte, Selbstständige, Beamte oder Soldaten, gemäß ihren Einkommen anteilig in die gesetzlichen Kranken- und Rentenkassen einbezahlen müssen! Dass es in Deutschland eine zunehmende menschenunwürdige Zweiklassenmedizin gibt! Dass ein dramatischer Pflegenotstand herrscht!

Ich klage an: die Bundeskanzlerin der Bundesrepublik Deutschland, dass sie bis heute nicht den Acta Apostolicae Sedis (Konkordatsvertrag) zwischen Adolf Hitler und dem Vatikanstaat gekündigt hat!

Ich klage an: die Bundesarbeitsministerin, dass sie die Zahlen des Armutsberichtes gefälscht hat! Dass ihr gesamtes Zahlenwerk aus der Bundesanstalt für Arbeit eine einzige Fälschung ist, da die Langzeitarbeitslosen, die zwangsweise Frühverrenteten, die Umgeschulten, die Leiharbeiter, die Zeitarbeiter und viele andere Gruppen von Scheinselbstständigen gar nicht mehr in den offiziellen Statistiken auftauchen! Sie gaukelt damit dem Volk vor, dass Deutschland die niedrigsten Arbeitslosenzahlen Europas hat, was eine glatte Lüge ist!

Ich klage an: den Bundesumweltminister, weil er im Auftrag der Kanzlerin gegen die EU-Pläne agitiert, die CO_2-Ausstöße der Kraftfahrzeuge europaweit zu begrenzen. Deutschland ist das einzige Land Europas ohne Geschwindigkeitsbegrenzung und ohne gesetzliche Begrenzung des erlaubten CO_2-Ausstoßes für Kraftfahrzeuge.

Ich klage an: das Bundessicherheitskabinett, dass es zulässt, dass Deutschland zum drittgrößten Waffenexporteur der Welt aufgestiegen ist!

Ich klage an: den Präsidenten des Bundeskartellamtes, dass er Medienkartelle in Deutschland zugelassen hat, was zu einer schweren Gefährdung der Pressefreiheit und Meinungsvielfalt geführt hat.

ICH KLAGE AN: DAS DEUTSCHE VOLK, dass es all diese schweren Rechtsbrüche nahezu widerspruchslos, mit wenigen mutigen Ausnahmen, hinnimmt und sich somit zum Mitwisser und Mitschuldigen an diesem Unrechtssystem macht!

AUF DEUTSCHLAND IST VERLASS!

Als Kaiser Wilhelm II., auch der Plötzliche genannt, wieder einmal einen Anfall von Größenwahn hatte und auch so eine schöne Flotte haben wollte wie seine englischen Verwandten, da beauftragte er seinen Großadmiral Tirpitz, ihm schöne Kriegsschiffe zu bauen. Bloß – wie sollte man das finanzieren? Ihm fiel eine rettende Idee ein, er erhob einfach eine Steuer auf Sekt! Gut, die Flotte hat nie einen scharfen Schuss abgegeben im Ersten Weltkrieg und wurde dann in Scapa Flow versenkt! Doch die Sektsteuer gibt es immer noch!

Der SPD-Genosse Noske wurde in der Weimarer Republik Reichswehrminister und ließ seine Reichswehr auf alles schießen, was gegen die Republik aufbegehrte! Die Regierung floh nach Weimar und die Reichswehr schoss immer noch auf das deutsche Volk! Nun will es ihm die Regierung der Bundesrepublik Deutschland nachmachen und kräht nach einem Einsatz der Bundeswehr im Inneren!

Als Hitler an die Macht kam, entschloss er sich, seine Hasstiraden aus seinem Buch „Mein Kampf" umzusetzen und die jüdische Rasse zu vernichten. Da war aber noch die katholische Kirche, die vielleicht dagegen rebellieren konnte. Da entschloss sich Adolf Hitler, mit dem Vatikan den Konkordatsvertrag Acta Apostolicae Sedis abzuschließen, der der Kirche ein Milliardenvermögen an Kirchensteuer einbrachte und die Pfaffen nach dem Beamtengesetz besoldete. Sechs Millionen Juden wurden ermordet und die Kirche erwies sich als verlässlicher Vertragspartner und schwieg! Der Verbrecher Hitler ist Geschichte, das Dritte Reich gibt es nicht meh, aber der Konkordatsvertrag besteht immer noch!

Als Hitler das Ehegattensplitting im Reichsgesetzblatt verankerte, hatte dies ganz andere Ziele! Hitler ist Geschichte, das Dritte Reich ist untergegangen, aber das Ehegattensplitting besteht immer noch!

Usw.

NICHTS IST GUT IN DEUTSCHLAND!

Ende April 2013 drehten sich wieder einmal und ausschließlich Deutschlands Politiker um die eigene Achse. Wie in einem Hamsterrad werden dem gähnenden Volk, das zum hilflosen Publikum degradiert ist, die eingefahrenen Rituale einer „repräsentativen Demokratie" vorgeführt. Innig verwoben sind die Lobbyisten, die Politiker und die Medien, die diese fade Vorstellung zum nationalen Event hochzustilisieren haben. Im Bundestag, wo sonst, drehte sich alles um die Frauenquote, die als Schaukampf zwischen Personen und Parteien auf offener Bühne ausgetragen wurde, als würde das Wohl ganz Deutschlands davon abhängen. Wen interessieren die Spielchen zwischen einer vor Selbstsicherheit strotzenden Machtpolitikerin im Sozialministerium und einer aus Parteienproporz ins Amt der Familienministerin bugsierten Primanerin? Dieses lächerliche Spektakel dient nur einem einzigen Zweck, nämlich den ohnehin politisch phlegmatischen deutschen „Untertan" weiter im Glauben zu lassen, dass alles in bester Ordnung sei. Das ist es nicht!

Wann endlich hört dieses sinnlose Töten in Afghanistan auf? Warum wird verschleiert, dass dieser Krieg längst verloren ist und der dümmste Feldzug seit der Erfindung des Schießpulvers war? Nach über zehn Jahren Tod, Blut, Leid und Tränen auf allen Seiten ist es das einzige Ergebnis, dass Afghanistan unter dem Schutz der NATO zu einem der größten Opiumexporteure der Welt avanciert ist und dass dort von den Alliierten ein neues Regime von immer frecher werdenden Despoten und Kleptokraten installiert wurde. Offiziell wird zwar dem uninteressierten deutschen Bürger ein Abzug der Truppen im Jahre 2014 versprochen, inoffiziell arbeiten die deutschen

„Militärstrategen" an einer neuen Mission und versuchen gerade, andere NATO-Mitglieder für diesen hirnverbrannten Unsinn zu begeistern: den Aufbau einer sogenannten beratenden Ausbildungsmission für die afghanischen Truppen. Deutschland stellt bereits 800 Kampfsoldaten für diese Mission auf!

Wann endlich wird dem deutschen Bürger die Wahrheit über die Euromisere gesagt? Das Eurodesaster ist von Deutschland provoziert, ausgelöst und dilettantisch gemanagt worden. Es war noch die von der CDU und der FDP geführte Regierung, die den Euro zusammen mit den anderen europäischen Partnern unter völlig falschen Voraussetzungen eingeführt hatte. In den Euroländern gab es keine einheitliche Wirtschafts-, Sozial- und Rechtsordnung, kein einheitliches Arbeitsrecht, keine einheitliche Verwaltung und keine einheitlichen gesetzlichen Mindestlöhne. So wurde Deutschland mit seinen Dumpinglöhnen zum Gewinner des Euro. Mit unlauterem Wettbewerb ruinierte es die Nachbarstaaten, indem es die Eurostaaten mit seinen von Billiglöhnern produzierten Produkten zu Dumpingpreisen überflutete. Deren heimische Wirtschaft musste zwangsläufig kollabieren. Misswirtschaft und Korruption gaben diesen Staaten den Rest. Diese Misswirtschaft in den südlichen Ländern will die von der SPD und den Grünen geführte Regierung damals nicht erkannt haben und nahm auch gleich noch fleißig Griechenland mit in die Eurozone auf.

Wann endlich sagen die Politiker den deutschen Bürgern, dass die Rettungsaktionen mit deren Steuergeldern nicht etwa den in Schwierigkeiten geratenen Eurostaaten zur Sanierung zugutekommen, sondern zum großen Teil den deutschen Banken, die sich an der Eurokrise wund verdienen? Von dem beschlossenen „Rettungspaket" für Zypern in Höhe von neun

Milliarden Euro gehen alleine sechs Milliarden an die deutschen Banken, um deren an Zypern verliehene Kredite zurückzuzahlen. Weder ein Zypriote noch ein Grieche, ein Portugiese, ein Spanier oder ein Ire haben jemals einen einzigen Cent von diesen „Rettungspaketen" erhalten! Im Gegenteil, die Bürger dieser Länder bezahlen mit ihren gekürzten Sozialleistungen, mit Arbeitslosigkeit, mit maroder Infrastruktur, mit ihren Pensionsfonds- und Rentenkassen für das größenwahnsinnige Versagen ihrer Banken und Politiker!

Wann endlich hört der deutsche Staat damit auf, über seine Verhältnisse zu leben? Seit 1969 hat keine deutsche Regierung einen ausgeglichenen Haushalt mehr vorgelegt. Mit nichts als Schulden wurden die alles regeln wollende überbordende Bürokratie, größenwahnsinnige Projekte und grundgesetzwidrige Kriege finanziert. Warum wird nicht endlich eine Bürgerversicherung eingeführt, in die alle solidarisch einbezahlen müssen, Arbeiter, Angestellte, Selbstständige, Freiberufler, Beamte, Soldaten, Unternehmer, Abgeordnete und Minister, wie dies in der Schweiz und anderswo längst üblich ist? Wann endlich wird der zweite Regierungssitz in Bonn ersatzlos gestrichen, wann werden ineffiziente Bundesländer mitsamt ihren Parlamenten und Verwaltungen abgeschafft?

Wann endlich wird der Artikel 146 GG umgesetzt und dem deutschen Bürger die im Grundgesetz nach der Wiedervereinigung vorgesehene Verfassung gegeben? Ganz Deutschland ist geteilt, einerseits in eine politische Aristokratie, die aus Lobbyisten, Banken, Industrie, Politikern, Beamten und Medien besteht, und anderseits in den ohnmächtigen Zuschauer, auch das Volk genannt. Alle vier Jahre darf der Urnenpöbel sein Kreuzchen auf einem Wahlzettel machen, den die Parteien für ihn vorher ausgehandelt haben, und tritt damit seine demokratischen Rechte an die politischen Parteien offen ab. Dazwischen hat er keinen Einfluss auf die Politik, denn die kann mit den Stimmen machen, was sie will. Das aber ist keine Demokratie!

Wann endlich gehen die deutschen Bürger auf die Straße und fordern ihren Staat zurück? Er gehört nämlich den Bürgern und nicht den Politikern, nicht den Banken, nicht der Industrie und nicht den Lobbyisten! Dieser Feudalismus aus dem 19. Jahrhundert passt nicht mehr in das 21. Jahrhundert. Doch viele Bürger sind in ihrem obrigkeitshörigen Untertanenwahn gefangen. „Man kann ja eh nichts machen" ist der Leitspruch des ewig jammernden deutschen Michels! Und so überrascht es niemanden, dass ein von einem undemokratischen Kuriosum akklamierter Bundespräsident sich wie ein Ersatzmonarch aufführt und sich erdreistet, von seinen „Untertanen" Respekt für diese Politiker einzufordern!

Diese politische Aristokratie hat keinen Respekt verdient, denn sie handelt nicht im Interesse des Volkes! Sie packt nicht die wahren Probleme des Staates an, sondern kreist um sich selbst und liefert dem Publikum absurde Scheingefechte, um von den wahren Problemen abzulenken! Jagd sie vom Hof!

DIE KORRUPTE REPUBLIK

Es ist immer wieder erstaunlich, mit welchem Hochmut einige Deutsche auf andere Länder herunterspucken und sie als faul, korrupt, undemokratisch und gänzlich moralisch verwahrlost bezeichnen. Der deutsche Stammtisch ist auch in die höchsten Kreise der Politik eingezogen. Wie anders ist es zu erklären, wenn die deutsche Bundeskanzlerin in völliger Unkenntnis anderer Länder und Mentalitäten sich als Oberlehrerin Europas aufspielt und das Bild der Deutschen in der Welt verzerrt? Sie fügt ihrem Land damit unermesslichen Schaden zu. Das enorm hohe Ansehen der Deutschen hat durch diese aus der ehemaligen DDR freigelassene fleischgewordene Fehlbesetzung auf dem Stuhl des deutschen Regierungschefs gelitten. Dass diese Regierungschefin selbst völlig prinzipienlos ohne Rücksicht auf frühere Erklärungen alle Vorsätze über den Haufen wirft, wenn es nur ihrer Klientel und damit ihrem Machterhalt dient, geht in ihren schwammigen Phrasen oft vollkommen unter. Wollen mal sehen!

a) Die Klimakanzlerin: Mit welchem Werbeaufwand hat sich Frau Dr. Merkel als die Hüterin der Umwelt aufgespielt! Sie entblödete sich nicht, sich vor Eisbergen in der Arktis fotografieren zu lassen, um damit zu suggerieren, sie sei die Retterin der Natur. Nach der Katastrophe von Fukushima verhängte sie eine totale Abkehr vom Atomstrom. Sie förderte Solarwerke, Windkrafträder und stoppte allerlei Klimakiller. Sie hatte dabei die Landtagswahlen in Baden-Württemberg im Auge, sonst nichts. Die Landtagswahlen sind vorbei und die Klimakanzlerin ließ alles fallen, was zum Klimaschutz beitragen könnte: In Brüssel stoppte sie zum Entsetzen aller Diplomaten eine EU-Richtlinie zur

Begrenzung des CO_2-Ausstoßes von Fahrzeugen, weil ihr Freund, der Autolobbyist Wissmann, interveniert hatte. „Dann könne man ja die deutschen PS-Boliden nicht mehr verkaufen!" Die Subventionen der Solaranlagen strich sie vollständig. Die Windkrafträder bekommen gar keinen Anschluss an das Stromnetz. Deutschland baut Kohlekraftwerke in nie dagewesenem Ausmaß und hat heute eine höhere CO_2-Belastung als je zuvor.

b) Die Wohnungskanzlerin: Im Wahlkampf tönt die Dame an jeder Ecke mit sorgenvoller Stirn, wie sehr sie doch die Wohnungsnot in Deutschland belaste. Immerhin sind im angeblich reichsten Land der Erde 300.000 Männer, Frauen und Kinder obdachlos! Sie können die Mieten ihrer Sozialwohnungen nicht mehr bezahlen, weil der Bund und viele Länder, egal von welchen Parteien regiert, hunderttausende Sozialwohnungen an private Investoren verkauft hat. Die sind natürlich gewinnorientiert, renovieren die billigen Sozialwohnungen und erhöhen danach die Mietpreise um das Doppelte und Dreifache. Die unteren Einkommen können sich diese Wohnungen nicht mehr leisten und verlieren ihr Zuhause. Um dieses angerichtete Elend zu beschönigen, werden jährlich vom Bund hunderte von Millionen Euro an die Länder zum Bau neuer Sozialwohnungen überwiesen. Die Zahlung hat nur einen Schönheitsfehler: Die Gelder sind nicht zweckgebunden, also nutzen die Länder und Gemeinden diesen Geldsegen aus Berlin zum Stopfen ihrer Haushaltslöcher und denken gar nicht daran, Sozialwohnungen zu bauen!

c) Die Kanzlerin des Rechtsstaates: Ob Frau Dr. Merkel das selbst noch glaubt, weiß niemand, wir vermuten, dass sie an gar nichts glaubt. In Hamburg und München werden zurzeit mit einiger Mühe die schlimmsten Auswüchse des Versagens der Landesbanken juristisch aufgearbeitet. Die Vorstände der Landesbank Schleswig-Holstein stehen wegen Untreue in Millionenhöhe vor Gericht. Die weisungsgebundene Staatsanwaltschaft hatte aber nicht den Mut, den gesamten Aufsichtsrat mit anzuklagen, denn dort sitzen ja die Minister der Landesregierung. Welcher deutsche Staatsanwalt klagt schon seinen Dienstherrn an, wenn ihm etwas an seiner Karriere liegt? Wie sollte es anders sein, in Bayern kam es noch schlimmer: Die Bayerische Landesbank erwarb auf heftiges Betreiben der bayerischen Staatsregierung die Hypo-Alpe-Adria-Bank für mehrere Milliarden Euro. Danach musste die Investition der bankrotten Schrottbank in voller Höhe abgeschrieben werden. Die Staatsanwaltschaft München reichte nun Anklage gegen die Vorstände der Landesbank ein. Ein Wunder ist geschehen: Das Landgericht München lehnte die Eröffnung des Hauptverfahrens ab, weil die Ermittlungsverfahren gegen die Verwaltungsräte der Bayerischen Landesbank, Beckstein, Faltlhauser, Huber und Stoiber, vorher weisungsgemäß eingestellt wurden. Auf die Idee, der deutschen Justiz endlich eine Selbstverwaltung und ein eigenes Disziplinarrecht zu geben und die Generalstaatsanwälte der Länder und des Bundes endlich von der Zwangsjacke weisungsgebundener politischer Beamter zu befreien, kamen weder die Bundeskanzlerin noch die Justizminister. Man will die Kontrolle über die Justiz politisch nicht verlieren, weil man sich sonst selbst in Gefahr bringen könnte.

d) Die Datenschutzkanzlerin: Seit Gründung der Bundesrepublik Deutschland gibt es ein alliiertes Besatzungsrecht, danach einen NATO-Truppenstatus, die 2+4-Verträge, die zur Wiedervereinigung führten, und nach dem

verheerenden Anschlag auf das World Trade Center in
New York Staatsverträge mit den Westmächten Frankreich, England und die USA, die es den Geheimdiensten
dieser Länder erlauben, deutsche Daten in Millionhöhe
abzuschürfen. Die meisten Verträge hat diese Kanzlerin
nicht selbst unterschrieben, denn es waren in den letzten
60 Jahren alle Regierungen aller Parteien daran beteiligt.
Aber sich heute hinzustellen und zu behaupten: „Deutschland ist kein Überwachungsstaat!", ist der Gipfel der Heuchelei dieser Kanzlerin. Das deutsche Datenschutzgesetz ist
ein Feigenblatt zur Beruhigung der Bevölkerung, ist aber
ebenso wertlos wie die riesige Behörde, die diese Gesetze
überwachen soll!

e) Die Kanzlerin der Lobbyisten: 170 Milliarden Euro der
absurdesten Subventionen werden von der Bundesregierung
unter der Führung von Frau Dr. Merkel an ihre Klientel
verteilt: Die Autolobby, die Pharmalobby und die Agrar-
lobby greifen dabei die dicksten Brocken ab. Dass sie Versicherungen besonders liebt, erlebt man alljährlich anlässlich ihrer Festtagsreden bei den Verbandsversammlungen.
Dabei werden die privaten Krankenversicherungen und die
Lebensversicherer besonders gehätschelt. Dass dabei Millionen von Bürgern unter die Räder kommen, weil sie ihre
Versicherungen nicht mehr bezahlen können und Haft-
pflichtversicherer oft ein schändliches Treiben mit ihren
Unfallopfern veranstalten, kümmert diese Dame wenig!
Eine Bürgerversicherung, in die alle Arbeiter, Angestellte,
Beamte, Soldaten, Freiberufler, Selbstständige oder gar
Millionäre solidarisch einbezahlen müssen, wie dies in der
Schweiz und in Frankreich gesetzlich vorgeschrieben ist,
haben ihr die Lobbyisten ausgeredet.

f) Die besorgte Kanzlerin: Um die gesetzlichen Vorgaben des Rechts auf einen Kita-Platz nicht einhalten zu müssen, wurde ein völlig unsinniges Betreuungsgeld eingeführt, das aber kein Mensch haben will. Rechtzeitig zum Bundestagswahlkampf wird der Bevölkerung ein Milliardensegen an Geschenken versprochen. (Natürlich unter Finanzierungsvorbehalt, also nie!) Die in menschenunwürdigen Altenpflegeheimen eingepferchten alten Menschen kommen bei dem Geldsegen nicht vor. Diese Klientel scheint keine Lobby zu haben.

g) Die Geldverschwenderin: Seit ihrem Amtsantritt hat die Bundesregierung unter der Leitung von Bundeskanzlerin Dr. Merkel laut Auskunft und seriösen Berechnungen des Bundesrechnungshofes sage und schreibe 480 Milliarden Euro an Steuergeldern verschleudert. Und dann stellt sich diese Frau hin und behauptet mit einer Dreistigkeit ohnegleichen, dass diese Bundesregierung die beste sei, die Deutschland jemals hatte.

Diese Liste könnte beliebig fortgeführt werden, ermüdet aber unendlich, weil sie zu nichts führt. Frau Dr. Angela Merkel wird aller Wahrscheinlichkeit nach wiedergewählt! Oder eben ein anderer aus der Kaste der Volksverächter! Es ist vollkommen gleichgültig, denn wenn Wahlen irgendetwas verändern würden, dann wären sie in Deutschland längst verboten! Diesem wunderschönen Land ist nicht zu helfen! Die Mehrzahl seiner Bürger ist satt und zufrieden und schert sich einen Dreck um das himmelschreiende Unrecht in ihrem Land. „Man kann ja nichts machen" ist der Glaubenssatz der Sofademokraten, die gar nicht begreifen wollen, wie dieses Land in die Isolation und in den Ruin getrieben wird. Doch eines Tages werden die Kinder dieser phlegmatischen

Demokratiezwerge, die von politischen Scheinriesen regiert werden, auf die Gräber ihrer Eltern spucken, angesichts des verheerenden Erbes, das sie ihnen hinterlassen haben!

DER AGRARWAHNSINN!

Nicht nur Deutschland, der ganze Westen Europas schwimmt in einem Berg von Agrarprodukten. Frankreich ist der größte Agrarexporteur der Welt. Deutschland steht an zweiter Stelle. Wie ist das möglich? Der deutsche Steuerzahler subventioniert mit circa 150 Milliarden Euro alleine die heimische Agrarproduktion. Die Preise für Lebensmittel sind die niedrigsten in ganz Europa. Der deutsche Bürger gibt im Durchschnitt 10 % seines Einkommens für Lebensmittel aus. Der Franzose zum Vergleich 25 %. Der Lebensmittelmarkt suggeriert dem Bürger, dass alles möglich, alles billig und alles von ausgezeichneter Qualität ist. Das kann nicht sein.

1. Alles ist möglich, das ist richtig!

2. Dass alles billig ist, verdankt der Verbraucher den heruntersubventionierten Preisen.

3. Dass jedes Lebensmittel von ausgezeichneter Qualität ist, scheint ein Ammenmärchen zu sein.

Außer von den hohen Subventionen lebt die Agrarindustrie von billigen Rohprodukten und den vom Staat verhinderten Mindestlöhnen. Deutschland ist zum Billiglohnland der Agrarproduktion geworden. Die Massentierhaltung mit bis zu 80.000 Schweinen in einem einzigen Betrieb und die ständige Nachfrage des Verbrauchers nach seinem billigen Schnitzel haben eine Agrarmafia geschaffen, die sich durch völlig unsinnige Subventionen und durch billige Arbeitskräfte speist.

Deutschland ist zum Billigschlachthof Europas verkommen. Ganz Europa lässt in Deutschland billig schlachten.

Es gibt keinen gesetzlichen Mindestlohn im Gegensatz zu allen anderen westlichen Ländern und es gibt für den Bauch Deutschlands, das Land Niedersachsen, nur zwölf Kontrolleure für zehntausende Agrarbetriebe, Futtermittelhersteller und Schlachthöfe.

In diesen Massenschlachthöfen werden Menschen aus aller Herren Ländern versklavt und dürfen in menschenunwürdigen Unterkünften dahinvegetieren. Sie werden für ihre harte Schändung von täglich zehn bis zwölf Stunden mit Löhnen zwischen einem und drei Euro pro Stunde entlohnt.

Wie kann das sein? Der Schlachthof gründet durch einen Strohmann in irgendeinem Land wie zum Beispiel in Rumänien, Polen oder Ungarn eine Zeitarbeitsfirma. Diese Firma, die meist nie mehr besitzt als ein Firmenschild und eine Handelsregistereintragung, rekrutiert die Ärmsten der Armen und stellt sie bei sich als Arbeiter an. Dann verleiht sie diese modernen Sklaven an den Besitzer des Schlachthofes in Deutschland, der somit kein Arbeitsverhältnis mit seinen Leiharbeitern eingeht, sondern die Hungerlöhne an die Zeitarbeitsfirma ausbezahlt, die ihm meist selbst gehört.

So verdient diese Agrarindustrie Milliarden von Euro und verkauft die billig produzierten Produkte an die Märkte. Natürlich kann der deutsche Verbraucher die Schwemme an Lebensmitteln nicht selbst verfuttern. Daher werden die erzielten Agrarüberschüsse exportiert. Die Länder Afrikas werden mit billigen deutschen Lebensmitteln überschwemmt.

Was ist die Folge? Der afrikanische Bauer kann für diese Preise nicht produzieren. Er ist also nicht mehr wettbewerbsfähig. Daher lässt er seine fruchtbaren Böden veröden und zieht in die Elendsviertel der Städte. Er und seine Familie hungern. Um dieses Elend zu bekämpfen und unser Gewissen zu beruhigen, hält sich Deutschland einen Entwicklungshilfeminister, der Milliarden von deutschen Steuergeldern an die „armen" Länder in Afrika bezahlt. Der afrikanische Bauer hat nichts von diesem Geld, da es meist in den Taschen der kleptokratischen Despoten verschwindet und schlussendlich gewinnbringend auf Schweizer Bankkonten angelegt wird.

Conclusio: Das ganze Karussell ist der reine Wahnsinn!

DATENSCHUTZ EXISTIERT NICHT IN DEUTSCHLAND!

(Aber natürlich eine Behörde!)

Verabschiedet euch endlich von dem Märchen, dass es in Deutschland oder gar in Europa und schon gar nicht auf der gesamten Welt so etwas wie Datenschutz gibt! Das ist dummes Zeug und Opium für Kleinbürger! Damit die einfältigen Menschen aller Länder das glauben sollen, schaffen die Regierungen aufgeblähte Behörden mit hunderten von hoch bezahlten Beamten, in Deutschland sogar, getreu dem Berlin-Bonn-Gesetz, gleich in doppelter Ausfertigung. In Bonn residiert der „Bundesbeauftragte für den Datenschutz und die Informationsfreiheit" – so geschwollen geben sich die Herren, die nichts wissen, von nichts eine Ahnung haben und von niemandem über irgendetwas informiert werden – in einem prächtigen Dienstgebäude in der Husarenstraße 30 in 53117 Bonn (Tel.: 0228-99 77 99-0, E-Mail: poststelle@bfdi.bund. de, Webseite: www.datenschutz.bund.de). In Berlin unterhält diese Behörde natürlich ein sogenanntes Verbindungsbüro in der Friedrichstraße 50 in 10117 Berlin.

Natürlich hat diese Behörde auch einen Boss. Der trägt den hochtrabenden Titel „Bundesbeauftragter für den Datenschutz" und ist eigentlich ein feiner Mann mit liebenswertem Umgangston und umgänglichen Manieren. Schlicht, der Mann ist gut zu haben! „Peter Schaar wurde 1954 in Berlin geboren. Er ist verheiratet und hat zwei Kinder. Der Deutsche Bundestag wählte Peter Schaar auf Vorschlag der Bundesregierung am 17. Dezember 2003 zum Bundesbeauftragten für den Datenschutz. Mit Inkrafttreten des Informationsfreiheitsgesetzes des Bundes am 1. Januar 2006 wurde sein Amt ergänzt zum Bundesbeauftragten für den Datenschutz und die Informationsfreiheit. In diesem Amt wurde er am 26. November 2008 vom Deutschen Bundestag für weitere fünf Jahre bestätigt. Für sein Buch ‚Das Ende der Privatsphäre‘ erhielt Schaar 2008 den Preis der Friedrich-Ebert-Stiftung. Zudem unterrichtet er als Lehrbeauftragter an der Fakultät für Mathematik, Informatik und Naturwissenschaften der Universität Hamburg und engagiert sich in der Humanistischen Union." Das alles ist ehrenwert und nobel und nicht zu beanstanden! Mit Datenschutz hat der liebenswerte Herr Schaar aber leider nichts zu tun. Obwohl er eigentlich dazu auch vom Deutschen Bundestag legitimiert wäre, denn am 18. Juni 2012 beschloss der meist völlig ahnungslose Bundestag einstimmig die „Stärkung der Datenschutzrechte"!

Während sich seine beiden Behörden in Bonn und Berlin voller Regierungsministerialräte nämlich um sich selbst drehen und sich selbst gründlich verwalten, hat der Bundesnachrichtendienst (BND) in Berlin weitere 100 Datenspezialisten eingestellt, die die Deutschen ausspionieren sollen. Welche Rechtsgrundlage diesem Unterfangen zugrunde liegt, war weder aus dem Bundesinnenministerium noch aus dem Kanzleramt zu erfahren. Es ging um die Gefahrenabwehr gegen Terrorismus, faselte ein Subalterner ins Telefon. Uns sind bis jetzt auf jeden Fall noch keine gepanzerten Einheiten der Taliban an den Grenzen nach Lindau oder Stralsund gemeldet worden.

Nicht umsonst hörte man von der Bundesregierung keinen Aufschrei der Empörung, als vergangene Woche bekannt wurde, dass der britische MI6 laut unbestrittenen Meldungen des Londoner „The Guardian" ganz Deutschland mit einem Netz von Daten abgefischt hat und es immer noch tut! Dass der US-Militärgeheimdienst NSA laut Auskunft des sich auf der Flucht befindlichen ehemaligen Mitarbeiters dieses Mammutdienstes in Utah, Edward Snowden, das gigantischste Datenabfischnetzwerk über die ganze Welt ausgebreitet hat, passt gut zu den britischen Meldungen. Dafür gab es dann auch von Angela Merkel gleich ein Küsschen auf beide Wangen von Barack Obama bei dessen Besuch in Berlin! Da ist es nur noch eine Quantité négligeable, dass in den US-amerikanischen Kelley Barracks in Stuttgart die Leitstelle für sämtliche Drohnenangriffe in der afrikanischen Welt stationiert ist!

Von deutschem Boden gehen Krieg, Mord und Zerstörung aus! Deutschlands Bürger werden zu Komplizen amerikanischer Vollstreckung ohne Anklage und ohne Urteil gemacht, wenn Drohnen auf aller Welt angebliche Terroristen töten! Und damit eventueller Widerstand gegen diese verbrecherische Politik unter Mitwissen und Duldung der Bundesregierung erst gar nicht ansatzweise aufkommt, werden die deutschen Bürger mit Überwachungssatelliten bis ans Essfach verfolgt!

Da mutet den braven Bürger die berufliche Existenz des liebenswerten Herrn Peter Schaar, seines Zeichens „Bundesbeauftragter für den Datenschutz", in seiner Bonner Behörde richtig drollig an!

TAG DER DEUTSCHEN EINHEIT!
AUFSTAND DES GEWISSENS!

Am Tag der Deutschen Einheit hat es zwei Chancen für ein neues Deutschland gegeben: 17 Millionen Deutsche aus der DDR haben durch Mut und Opferbereitschaft ein verbrecherisches Herrschaftssystem zum Teufel gejagt und sich damit den Respekt der ganzen Welt verdient! Diese 17 Millionen Menschen haben ihre Chance genutzt! Die Einwohner der BRD haben diesen Tag herbeigesehnt, herbeigefürchtet oder einfach nur genutzt, um den Menschen der untergegangenen DDR ihr marodes Rechts-, Wirtschafts- und Sozialsystem überzustülpen! Sie haben die Bürger der DDR oftmals ausgenommen wie die Weihnachtsgänse und sind teilweise über sie hergefallen wie Raubritter, indem sie die Unerfahrenheit der DDR-Bürger mit dem kapitalistischen System schamlos ausnutzten!

In der Zwischenzeit hat sich eine neue Oligarchie aus Wendehälsen aus dem Osten und Kriegsgewinnlern aus dem Westen zu einer schmuddeligen Melange zusammengefunden, die Ost- wie Westbürger um die Früchte der deutschen Einheit betrogen haben!

Die wichtigste Konsequenz der deutschen Einheit ist nämlich der Artikel 146 des Grundgesetzes, nach dem nach der Vollendung der deutschen Einheit das gesamte wiedervereinigte deutsche Volk sich eine Verfassung geben und in freier Entscheidung darüber abstimmen soll! Diese von den Bürgern für die Bürger erarbeitete Verfassung war die einmalige Chance, den Besatzungsstatus der alliierten Siegermächte zu beenden und ein neues Wirtschafts-, Rechts- und Sozialsystem in

Deutschland zu begründen! Diese Chance wurde vorsätzlich von der neuen Oligarchie vertan! Sie hat die Bürger Gesamtdeutschlands um die Früchte der deutschen Einheit betrogen! Und diese Volksverächter und Volksverräter beherrschen heute das deutsche Volk!

Es ist also heute nicht der Tag der Huldigung der Wendehälse und Kriegsgewinnler, sondern ein Tag des Widerstandes gegen ein marodes Herrschaftssystem! Ein Tag des Aufstandes des Gewissens gegen ein Imperium der Schande!

WEHRT EUCH und fordert euer vom Grundgesetz im Artikel 146 garantiertes Recht auf eine vom Volk selbst bestimmte Verfassung mit einer neuen Wirtschafts-, Sozial- und Rechtsordnung! Euer Recht auf Mitbestimmung in allen Fragen der Daseinsvorsorge und eine direkte vom Volk gewählte demokratische Ordnung!

„Noch sitzt ihr da oben, ihr feigen Gestalten.
Vom Feinde bezahlt, dem Volke zum Spott.
Doch einst wird wieder Gerechtigkeit walten,
dann richtet das Volk. Dann gnade euch Gott!"

(Theodor Körner)

UNSERE FRAGEN AN DIE ZUR WAHL STEHENDEN PARTEIEN!

Welche Partei schafft sofort die Hartz-Gesetze ab?

Welche Partei führt sofort eine Bürgerversicherung ein, in die alle einzahlen müssen?

Welche Partei gleicht die Rentenanwartschaften sofort an die der Beamten an?

Welche Partei schafft sofort die 70.000 Ausnahmeregeln im deutschen Steuergesetz ab?

Welche Partei schließt sofort den Regierungssitz in Bonn?

Welche Partei schließt sofort mindestens sechs Bundesländer und schafft deren Behörden ab?

Welche Partei gibt dem Bundesrechnungshof den Rang eines Bundesgerichtes?

Welche Partei entlässt die Justiz in die politisch unabhängige Selbstverwaltung?

Welche Partei halbiert den Deutschen Bundestag und lässt nur noch direkt gewählte Abgeordnete zu?

Welche Partei zieht das steuerfinanzierte Stiftungsvermögen der Parteien ein?

Welche Partei fordert eine vom Volk selbst bestimmte Verfassung gemäß Artikel 146 GG?

Welche Partei ist für bindende Volksentscheide in allen existenziellen Fragen der Republik?

Welche Partei zerschlägt das Universalbankenrecht?

Welche Partei beantragt den Austritt aus der NATO und weist alle ausländischen Truppen aus?

Welche Partei befiehlt den sofortigen Rückzug aller Truppen aus allen Kriegseinsätzen?

Welche Partei kündigt den Konkordatsvertrag Acta Apostolicae Sedis von 1933 zwischen Hitler und dem Vatikan?

Welche Partei stimmt für die Zerschlagung der Pressekartelle?

Keine? Dann handelt es sich bei den anstehenden Bundestagswahlen nur um Scheingefechte zwischen einer aristokratischen Kaste, aber nicht um demokratische Wahlen! Mit Demokratie hat das alles nichts zu tun! Sie wollen alle nur das Eine: DIE MACHT!

**Wenn Wahlen etwas verändern würden,
wären sie in Deutschland verboten!**

NEPPER – SCHLEPPER – VOLKSVERÄCHTER!

Wie ein ganzes Volk von seiner Kaste veralbert wird!

Die deutsche Bundeskanzlerin verhöhnt ihre Bürger mit den Worten: „Dies ist die beste Bundesregierung, die Deutschland je hatte!" Nicht dass ihr diese als FDJ-Sekretärin in Moskau einstudierte Agitation und Propaganda viele Deutsche abkaufen würden, macht diese zum Skandal, sondern dass die Dame sich traut, ihr Volk dermaßen zu verhöhnen, ist ungeheuerlich, wohl wissend, dass es eine Lüge ist! Wir wollen uns einmal die Mühe machen, diese unsägliche Kanzlerin Wort für Wort zu widerlegen.

Seit Frau Dr. Merkel die Bundesregierung führt, hat sie sich standhaft geweigert, den Artikel 146 GG umzusetzen, und dem deutschen Volk damit ein wesentliches Grundrecht verweigert: eine selbst bestimmte Verfassung!

Seit Frau Dr. Merkel die Bundesregierung führt, sind die Legislative, die Exekutive und die Judikative noch enger verflochten als ohnehin schon vorher verwoben. Sie hat nichts unternommen, um die Mindestanforderungen einer westlichen Demokratie zu erfüllen. Die deutsche Justiz ist bis heute weisungsgebunden und verwaltet sich nicht selbst. Die Generalbundesanwälte werden immer noch von der Regierung bestimmt und vom Bundespräsidenten ernannt. Damit ist Deutschland mit Österreich das einzige Land der Europäischen Union, das keine unabhängige Justiz hat.

Seit Frau Dr. Merkel die Bundesregierung führt, sind die Reallöhne der Arbeitnehmer um weitere 21,7 % gefallen. Die Gewerkschaften sind zahnlose Tiger, die bei ihr zum Teetrinken eingeladen werden. Gesetzliche Mindestlöhne gibt es bis heute nicht in Deutschland. Deutschland erzielt durch Billiglöhne, Leiharbeit, Zeitarbeit und Lohndumping unlautere Vorteile gegenüber seinen Handelspartnern, häuft Milliarden von Exportüberschüssen an und ruiniert damit die europäischen Partner! 49,7 % der Exportüberschüsse werden nach wissenschaftlichen Studien durch die Hartz-Gesetze, die Frau Dr. Merkel weiter verschärft hat, erwirtschaftet.

Seit Frau Dr. Merkel die Bundesregierung führt, ist die Armut bei den Kranken, Schwachen und Alten dramatisch gestiegen. Eine menschenwürdige Pflege kann sich heute kaum mehr jemand leisten. In den Altenpflegeheimen herrschen teilweise menschenverachtende Zustände, wie einst in den Konzentrationslagern.

Seit Frau Dr. Merkel die Bundesregierung führt, ist das Gesundheitssystem zur Zweiklassenversorgung heruntergekommen. Wer sich eine private Krankenkasse leisten kann, wird bevorzugt behandelt, bekommt die beste Medizin und Versorgung, wer nicht zu den Privilegierten gehört, erhält eine medizinisch nicht verantwortbare Notversorgung. Dem werden dringend benötigte Arzneimittel, Operationen, Pflege und ärztliche Versorgung verweigert. Der Bundesregierung ist es bis heute nicht gelungen, wie in Frankreich und der Schweiz, alle Bürger dazu zu zwingen, in eine gemeinsame Renten- und Krankenversorgung einzubezahlen, egal ob sie Arbeitnehmer, Arbeitgeber, Beamte, Selbstständige oder Multimillionäre sind. Eine Solidarkasse existiert nicht in Deutschland! Resultat: Die Krankenkassen schwimmen im Geld, die Patienten

werden behandelt wie Menschen zweiter Klasse, wenn sie kein
Geld haben.

Seit Frau Dr. Merkel die Bundesregierung führt, sind die
Banken, die Industrie und die Millionäre noch reicher geworden, während das Einkommen der Bürger schrumpft. Keine
einzige Maßnahme gegen die Spiel- und Spekulationssucht der
Banken wurde unternommen. Die Banken sind nicht aufge-
teilt worden in Spar- und Investmentbanken. Frau Dr. Merkel
lügt den Bürgern offen ins Gesicht, wenn sie vor den Wahlen
behauptet, dass Griechenland ohne einen Kapitalschnitt aus-
kommen wird, dabei weiß jeder Insider, dass der Kapitalschnitt
kurz nach den Wahlen erfolgen muss! Die Banken werden bis
zu 50 % ihrer Forderungen an Griechenland abschreiben müssen. Da diese Forderungen durch Bürgschaften des Bundes
besichert sind, wird also der Steuerzahler die Rechnung zu
bezahlen haben.

Seit Frau Dr. Merkel die Bundesregierung führt, ist das Ansehen Deutschlands im Ausland dramatisch gesunken, nicht
zuletzt wegen ihrer chauvinistischen Aussprüche, die noch an
die Großkotzigkeit von Wilhelm II. erinnern. Sie spielt sich als
der Sparkommissar und Oberlehrer Europas auf, verschweigt
aber dabei, dass Deutschland eine Verschuldung mit allen Ne-
ben-, Schein- und Schattenhaushalten von fast drei Billionen
Euro hat und sie seit ihrem Amtsantritt noch nie einen ausgeglichenen Haushalt vorgelegt hat. Es wurde in ihrer Amtszeit
noch kein einziger Euro Schulden getilgt, sondern es wurden
ständig neue Schulden aufgenommen!

Seit Frau Dr. Merkel die Bundesregierung führt, wurde
noch nie bei der Bundesverwaltung gespart: Es gibt nach wie
vor 16 Bundesländer, zwei Hauptstädte, jedes Ministerium

spiegelbildlich noch einmal in Bonn vertreten, sogar der Bundespräsident hat noch einen Amtssitz in Bonn. Im Verteidigungshaushalt werden Milliarden für obskure Waffensysteme verschwendet, die nie eine deutsche Zulassung bekommen werden.

Seit Frau Dr. Merkel die Bundesregierung führt, wurde noch kein einziger unsinniger Paragraph aus dem 70.000 Paragraphen und Vorschriften umfassenden, dümmsten Steuerrecht der Welt gestrichen! Eine Steuerreform ist nicht einmal angedacht! Kein Auslandsdeutscher wird in seinem Heimatland, von wo er auch seinen Pass und seinen diplomatischen Schutz erhält, zur deutschen Steuerpflicht herangezogen!

Seit Frau Dr. Merkel die Bundesregierung führt, wurde noch keine einzige der 170 Milliarden Euro umfassenden Subventionen gestrichen! Jeder Lobbyist wird bedient. Die gehen sogar so weit, dass sie die Gesetze selbst schreiben, die ein ahnungsloses Parlament dann abnickt!

Seit Frau Dr. Merkel die Bundesregierung führt, ist fast jedes zweite Gesetz vom Bundesverfassungsgericht als grundgesetzwidrig kassiert worden. Die beamteten Juristen in den Ministerien sind von einer bemitleidenswerten Qualität!

Seit Frau Dr. Merkel die Bundesregierung führt, werden Datenschutzgesetze missachtet! Es wird geduldet, dass die ehemaligen alliierten Siegermächte, vertraglich durch die Gesetze zum NATO-Truppenstatut und zu den 2+4-Verträgen berechtigt und abgesichert, das ganze deutsche Volk flächendeckend ausspionieren! Dies geschieht schon seit 1949, wurde aber von der Regierung Merkel nie moniert, thematisiert, sondern hündisch ergeben geduldet!

Das ist die Bilanz der Regierung Merkel! Sie ist vernichtend! Es ist der blanke Hohn und spricht für eine gehörige Verachtung für den deutschen Urnenpöbel, angesichts dieser Fakten von der „besten Bundesregierung" zu sprechen. Doch der deutsche Bürger ist selbst schuld! Er lässt ihr all ihre dummdreisten Sprüche einfach durchgehen und wehrt sich nicht! Und genau auf diese träge Masse zählen die Kaste aus Politik, Lobbyismus, Geldadel und Industrie sowie deren Hofnarren, eine obrigkeitshörige Medienlobby, die ihre journalistische Aufgabe nie verstanden hat!

WIR GRATULIEREN JETZT SCHON ZU IHRER WIEDERWAHL, FRAU DR. MERKEL!

HABEN DIE DEUTSCHEN WIRKLICH EINE ECHTE WAHL?

Zitat von Karl Liebknecht in der Schlussrede im Hochverratsprozess zu seiner Schrift „Militarismus und Antimilitarismus" vor dem Reichsgericht Leipzig: „Ich will den Frieden! Ich verfolge den Zweck, die Entscheidung über Krieg und Frieden aus dem Dunkel der Kabinette und Diplomatenschleichwege herauszuholen und an das Licht der Öffentlichkeit zu ziehen. Ich will, dass die Entscheidung über Krieg und Frieden dem Willen des ganzen Volkes unterstellt werde!"

Diese Aussage von Liebknecht wurde leider nie umgesetzt. Das Wohl der Menschen (des Volkes) ist nicht relevant. Vorgegaukelt werden Selbstbestimmung und Entscheidungsgewalt, die in keiner Weise vorhanden sind. Die rechten und linken inhaltslosen Aussagen der Parteien sind eine Beleidigung für jeden denkenden Menschen. Wer hat auch in Zeiten des Wahlkampfes den Mut, die Niederlage einzugestehen? Welche Partei hat das Rückgrat zu sagen „Wir wissen nicht, wie es weitergehen soll"? Stattdessen werden haltlose Versprechungen an den Urnenpöbel hinausposaunt in der Hoffnung, dass man diese glaubt. Wo ist denn ein Politiker, der gnadenlos die derzeitige Situation beschreibt? Nirgends. Im Gegenteil.

Die Bundeskanzlerin schwelgt im Eigenlob und wird als ein Glücksfall für Deutschland bezeichnet. Entschuldigung, wenn ich lache. Steinbrück will das Land führen und gibt eher eine hilflose Vorstellung als wirkliche Argumente im „Duell" und die neuste Vorstellung war oberflächlich souverän, doch inhaltlich leer. Die Grünen, die jahrelang Menschenrechte und Antikriegsslogans trompeteten, waren verantwortlich in der Koalition mit der SPD für die Hochkonjunktur im Waffenhandel. Die FDP – was soll man dazu noch sagen? Mir fällt nichts anderes ein als semantischer Bockmist von schamlosen Erfüllungsgehilfen der Lobbyisten. Die Freien Wähler – alleine der Name ist schon eine Farce und für mich durch den diktatorischen Führungsstil von Aiwanger nicht diskutabel. Die AfD erscheint mir als der rechte Abklatsch der CDU und hat für mich durchaus faschistische Züge. Die Linken versagen mit ihrer unsäglichen Steuerpolitik, die mit Sicherheit jeden Akademiker außer Landes treiben wird, der dann im Ausland bei besserer Bezahlung das Erlernte zur Verfügung stellt. Die Piraten sind jung und für mich zeigen sie mehr Arroganz als wirkliches Wissen und unterwerfen sich in gleichem Maße diesem System. Zu den brennendsten Fragen Deutschlands hat diese Chaotentruppe keine Antworten. Dann bleiben noch die rechten und linken Splitterparteien. Kein Kommentar!

„Was tun?", sprach Zeus. „Die Götter sind besoffen!" Immer dieses masochistische Gefühl, wenn man vor einem Wahlzettel steht. Nicht eine Partei zeigt wirklich ein zukunftsorientiertes Konzept, es lässt sich wohl eher vermuten, dass die Politik aus dieser Hilflosigkeit heraus rückwärtsgerichtet argumentiert, zum Beispiel mit preußischen Werten. Ist es das, was ich will? Nein! Die Parteien vermitteln mir in ihrem Pseudowahlkampf nur eines: Festhalten an einer verlorenen Strategie des verlogenen Systems. Nichts, aber auch gar nichts weist darauf hin, dass die Probleme mit Nachhaltigkeit gelöst werden können, man versucht sich in Schadensbegrenzung. Eine Diktatur der Gegenwart, aber keine zukunftsorientierte Demokratie!

Wie soll die Gesellschaft der Zukunft für mich aussehen? In erster Linie würde ich mehr politische Bildung, die derzeit über 15 Minuten „Tagesschau" und zensierte Tageszeitungen, die dem Propagandablatt des „Stürmers" ähneln, definiert wird, wünschen. Schlicht: die absolute Pressefreiheit!

Ich wünsche endlich nach Artikel 146 GG eine Verfassung und kein deformiertes Grundgesetz, das von mir unbekannten Menschen für den Machterhalt verändert wurde.

Ich wünsche das Verbot von Waffenexporten sowie -importen. Deutschland sollte bedingungslos für den Frieden stehen. Waffen oder waffenfähige Güter dürften nicht als Handelsware benutzt werden.

Ich wünsche die absolute Trennung von Kirche und Staat. Jede Glaubensrichtung sollte respektiert werden, sofern sie gewaltfrei und im gegenseitigen Respekt ausgeübt wird.

Ich wünsche die sofortige Aufhebung des Beamtenstatus, und das in allen Bereichen.

Ich wünsche gleiche und konstruktive Ausbildungschancen für Kinder und nicht eine Umerziehung anhand von Lehrplanänderungen für das System.

Ich wünsche eine angemessene Bezahlung, die die existenziellen Rechte eines jeden Menschen sichert, und nicht unsägliche Diskussionen über 8,50 Euro oder 10 Euro Mindestlohn, der diese in keiner Weise gewährleisten würde.

Ich wünsche eine angemessene Versorgung der sozial Schwachen und eine entsprechende Förderung anstatt Repressalien und Enteignung!

Ich wünsche für alle Bürger die absolute Krankenversorgung und keine Milliardengewinne der Krankenkassen auf Kosten der Bedürftigen.

Ich wünsche, dass ich Minister und Bundeskanzler direkt wählen kann und mir nicht plötzlich unbekannte Menschen vorgesetzt werden, deren Namen ich noch nie gehört habe.

Ich wünsche, dass Tiere als Lebewesen anerkannt und nicht als Sache deklariert und dementsprechend behandelt werden.

Das sind mit Sicherheit nicht alle Punkte, die ich mir wünsche. Auf jeden Fall wünsche ich mir eine Verfassung, die ungefähr diesem Entwurf entspricht:

www.ironimusonlineltd.com/VerfassungsvorschlagvonRainerKahni.html

Also, wie um Himmels willen soll ich mich am Wahltag entscheiden? Vor allem – für was? Ich kann keine wesentlichen Unterschiede und schon gar keine zukunftsorientierte demokratische Denkweise der Parteien erkennen. Sie dienen einzig und allein dem Machterhalt oder der Gewinnung der Macht! Obwohl ich bis jetzt zur Wahl aufgerufen habe und ich es für ein Desaster hielte, nicht zu wählen, muss ich bei ernsthafter Überlegung gestehen, dass ich versucht bin, nicht zu wählen. Denn mein Fazit ist:

Wir haben keine Wahl!

DEUTSCHLAND SPIELT DEMOKRATIE

Das TV-Duell zwischen Merkel und Steinbrück war so schwach wie die gestellten Fragen der Moderatoren. Die Themen wurden vorher mit den Kontrahenten besprochen und so kam es in keinem Fall nur ansatzweise zu aussagekräftigen Statements.

Steinbrück behauptete, dass Deutschland vier Jahre lang einen Stillstand erlebt hätte, und wollte die zukünftige Regierung führen. Merkel hatte einen überraschenden Plan: Sie wolle Deutschland gerechter machen. Deshalb wäre Deutschland dann auch stärker. Was für eine Logik! Sie unterstrich, dass Deutschland so viele Beschäftigte hätte wie nie zuvor.

Da muss man ihr doch Recht geben, denkt man an die Zeitarbeiter und die geschönten Zahlen durch Maßnahmen der Arbeitsagentur. Schön war auch der Satz: „Sie kennen mich und wissen, was ich anpacken möchte!" Frau Merkel, wir kennen sie und wir wissen genau, was sie angepackt haben und anpacken möchten!

Wenn man Merkel eines nicht vorhalten kann, dann, dass sie lügt. Sie hat diese unglaubliche Fähigkeit, die Wahrheit den Wählern mitten ins Gesicht zu schleudern. „Wir dürfen nichts tun, was Arbeitsplätze in Gefahr bringt, die Steuereinnahmen sind so hoch wie nie!" Selbst Pelzig und Priol hätten es nicht zynischer in den Äther bringen können. Frank und frei bestätigte sie auch mit einem einfachen „Ja", dass Politiker in Deutschland sehr gut verdienen. Steinbrück erwähnte in diesem Kontext die Mindestarbeitslöhne, die aufgrund von

Tarifverträgen sehr gering ausfielen. Merkel sagte, dass sie das den Leuten überlassen wolle, die am meisten davon verstünden, nämlich den Tarifpartnern. Steinbrück legte kein Veto ein.

Beide waren sich in der Energiewende einig: Der Ausbau der erneuerbaren Energien müsste nach der Wahl dem Netzausbau angepasst werden. Steinbrück versprach die Stromsteuer zu senken.

Der NSA-Skandal wurde natürlich auch kurz behandelt und gleich wieder verworfen, denn wenn sich die Moderatoren wirklich darauf vorbereitet hätten, dann hätte diese Frage den kompletten Bundestag demaskiert.

Unterzeichnet haben damals diesen 2+4-Vertrag Hans-Dietrich Genscher für die BRD, Lothar de Maizière für die DDR, Roland Dumas für Frankreich, Eduard Schewardnadse für die UdSSR, Douglas Hurd für Großbritannien und James Baker für die USA.

Die damalige stellvertretende Regierungssprecherin der DDR-Nomenklatura, Dr. Angela Merkel, war bei der Unterzeichnung ebenfalls anwesend. Alle Bundestagsabgeordneten sind informiert. Entweder gehen sie ihrer Aufgabe nicht nach und informieren sich nicht; oder sie leugnen es, inklusive der Bundeskanzlerin und ihres Herausforderers Peer Steinbrück. Seltsam, dass dieses Thema in der Zusammenfassung der ARD überhaupt keine Beachtung fand.

Beim Thema Syrien muss es jedem informierten Bürger die Sprache verschlagen haben. Merkel und Steinbrück waren fast freundschaftlich einig, sich bei einem Militärschlag gegen Syrien nicht zu beteiligen. Keine Rede davon, dass die BRD seit 1999 vier atomwaffenfähige U-Boote nach Israel lieferte, ein weiteres für 2014 geplant und noch eins für 2017 bestellt ist. Oder davon, dass zwei zu 100 %, eins zu 50 %, nochmal zwei zu 33 % und das bestellte zu 27 % von deutschen Steuerzahlern finanziert wurde und wird. Israel wartet nur darauf, gegen Syrien vorzugehen, und das wissen die Kontrahenten sehr genau!

Auch hier von den Moderatoren keine Fragen über die immensen Rüstungsexporte nicht nur nach Israel!

Als Wähler hoffte man dann auf Jauch. Eine Diskussionsrunde mit Steinmeier, Stoiber, Anne Will, Alice Schwarzer, Paul Breitner und Hans-Ulrich Jörges.

Das inhaltliche Vakuum des Duells setzte sich fort. Warum man Alice Schwarzer einlud, bleibt mir verborgen, sie sprach kurz von der Präsenz der Frau als Bundeskanzlerin und dann ließ man sie nicht mehr zu Wort kommen. „Äh-Stoiber" schwelgte in früheren Zeiten, sprach viel und sagte nichts. Anne Will kam mit stolz geschwellter Brust und lobte die kollegiale Zusammenarbeit der Moderatoren. Tatsächlich waren die Moderation und Fragestellung so inhaltslos wie die Vorstellung der Kontrahenten. Die Einladung des persilgewaschenen Jörges, der eine Stellung in der Chefredaktion beim „Stern" innehält, ließ vermuten, dass er als Unterstützung für den inhaltslosen Stoiber bestellt wurde. Steinmeier war rhetorisch stark und versuchte die eingeübte Vorstellung von Steinbrück zu retten. Paul Breitner lobte die Sachlichkeit der Beteiligten. Aussage: null!

Was für ein peinliches und organisiertes Schmierentheater. Liest man die Kommentare, glaubt der deutsche Michel

tatsächlich an diese Tragödie der Lügen. Dabei ist es völlig un-
erheblich, wen sie wählen: Merkel oder Steinbrück. Es nimmt
sich rein gar nichts.

ZU TODE GESIEGT! MERKEL ALLEINE ZU HAUSE!

Die Wahl zum Deutschen Bundestag ist vorüber, die Parteizentralen und die mit viel Steuergeldern angemieteten Hallen für die Sieger sehen aus wie ein leeres Bierzelt am Tag nach dem Oktoberfest: Es hängen noch ein paar Schnapsleichen rum, die mit ihrem Schicksal hadern, während die Putzkolonnen schon die Reste des Jubels wegkehren! Der frenetische Jubel über das ach so tolle Wahlergebnis ist verklungen, die Parteien befällt der Kater nach dem Besäufnis! Wer hat gesiegt? Fast alle! Wie immer nach jeder Wahl! Schauen wir uns die „Sieger" einmal näher an!

Die Koalition CDU/CSU/FDP wurde in Wahrheit abgewählt! Was bleibt? Eine Kanzlerin, die sich im Glanze ihrer Mittelmäßigkeit suhlt, denn sie hat genau die Stimmung der Bevölkerung getroffen: keine Themen, kein Engagement, nichts Neues, nichts Modernes, nur ja nichts verändern! Keine Experimente! Einziger Programmpunkt: „Mutti"! Die ängstlichen Deutschen scharten sich um sie und die Dummschwätzer aus Bayern, die es ohnehin nicht besser wissen! Doch das zum Programm erkorene Mittelmaß und die intellektuelle Nulloption haben zu nichts geführt! Sieg – ja, aber wozu? Merkel und ihr bayerischer Reizblinddarm haben keine Mehrheit!

Der zweite Wurmfortsatz, ohnehin ein medizinischer Anachronismus (wer hat schon zwei Blinddärme?), die FDP, hat die wohlverdiente Quittung bekommen und ein „historisches" Ergebnis eingefahren! Sie flog zum ersten Mal seit Gründung der Bundesrepublik Deutschland aus dem Parlament! Sie war auch erkennbar zu nichts nütze! Sie bestellte den schlimmsten

Krähhals zum lächerlichsten Außenminister seit Joachim von Ribbentrop und machte sich mit ihm zum Gespött der ganzen Welt! Keine Haltung, keine Positionen, großes Maul, überambitioniert, borniert und keine Ahnung! Das war eine gefährliche Melange! Der Wirtschaftsminister war Bundeswehrarzt und hatte von Nationalökonomie so viel Ahnung wie eine Sau vom Bergsteigen! Er tölpelte sich durch die Wirtschaftsarena und war nicht einmal in der Lage, die Wünsche seiner Lobbyistenklientel zu erfüllen! Der Entwicklungshilfeminister besetzte mit seiner alten Reservistenkappe eines Hauptmanns d. R. ein Ministerium, das er eigentlich abschaffen wollte, verflog tausende von Kilometern von Kerosin für nichts und brachte wenigstens einen Teppich in der Bundeswehrmaschine von seinen nutzlosen Ausflügen nach Hause! Mehr war da nicht! Der Pharmareferent Bahr versuchte mit fleißigem Willen, seiner Pharmalobby alle Wünsche zu erfüllen, aber denen reichte es nicht! Die Justizministerin plärrte ab und zu mal nach Bürgerrechten, hat aber weder etwas zur Unabhängigkeit der Judikative von der Exekutive beigetragen, noch den NSU-Skandal rabiat aufgeklärt, noch die Deutschen erkennbar vor den Spionageangriffen aus dem Ausland in Schutz genommen! Also eine klassische Fehlbesetzung! Der größte Witz war die Aufbruchsstimmung, die man einem alten abgetakelten Weinkönig aus der Pfalz zumutete, den die FDP in einem Anflug von Verzweiflung zum Spitzenkandidaten ausrief! Rainer Brüderle steht ja nun für alles Mögliche, bloß nicht für moderne Politik! Und so kam es, wie es kommen musste: Die FDP-Lobbyisten flogen raus!

Die SPD hackte so lange auf ihrem nassforschen Spitzenkandidaten herum, bis er einen Zweifrontenkrieg gegen die eigene Partei und die Kanzlerin führen musste! Das konnte nicht klappen! Er hätte einmal mehr auf seinen Mentor Helmut

Schmidt hören sollen, der es bitter bereut hatte, nicht Vorsitzender seiner Partei geworden zu sein! Er wurde genau wie Peer Steinbrück von hinten gemeuchelt und hatte keine Basis mehr in der vermufften Partei! Flotte, nassforsche Sprüche, hanseatische Arroganz und ökonomischer Durchblick machen den verstaubten SPD-Stammtischbrüdern eben Angst! Er tut gut daran, sich einen hochdotierten Job in der Wirtschaft zu suchen, denn er ist kompetent und damit eben nicht SPD-kompatibel! Die vermuffte SPD bekommt Minderwertigkeitskomplexe neben so einem weltmännischen Ökonomen! Sie hätte sich mit dem pummeligen Volksschullehrer aus Goslar leichter getan, dem zwar jeder Intellekt fehlt, der aber immerhin den Stallgeruch der SPD-Vereinshäuser in seinen maßgefertigten Körperzelten hat!

Die Grünen gehörten natürlich auch zu den verkaterten Siegern, die erst heute kapieren werden, dass man mit Pädophilenverharmlosung, mit Steuererhöhungen, mit immer neuen Verordnungen bis hin zur Vorschrift, was der Deutsche wann zu fressen hat, keine Wahlen gewinnen kann! Ihre ursprünglichen Kernthemen sind der Müsli-FDP aus Lehrern und Beamten abhandengekommen! Also aus der Traum von gepanzerten Limousinen und Leibwächtern, die einen Politiker in Berlin erst so richtig wichtig machen! Obwohl: Eine Chance haben sie noch, an die Tränken der Macht zu kommen, sie müssen sich nur weit genug verbiegen und sie werden vielleicht von der schwarzen Spinne aufgesogen, mit Pöstchen versorgt, um dann von „Mutti" ebenso marginalisiert zu werden wie die FDP!

Die Linke feiert gemäß ihrem Lautsprecher den mit kabarettistischen und originellen Auftritten gesegneten Fraktionschef Gysi als den neuen Oppositionsführer! Die linken Kaviarfresser aus dem ehemaligen Osten haben sich im Westen der

Republik gut etabliert! Es ist nur schwer erklärbar, warum die SPD, die Grünen und die Linken sich nicht darauf einigen können, „Mutti" plattzumachen! Die Chance dazu haben die SPD und die Grünen vertan, weil sie eben keinen Politikwechsel wollen, sondern lieber ins Bett von „Mutti" kriechen, um das korrupte und verlogene System fortzuführen!

Von rechts wächst eine gefährliche Nuance von hoffnungslosen Europagegnern heran! Sie sind gegen Europa, gegen den Euro, für die DM und wollen das Rad der Geschichte zurückdrehen! Der AfD wäre beinahe die restlose Mobilisierung der menschlichen Dummheit geglückt! Deren Programm schürt nur Ängste und ist ebenso geschichtslos wie unökonomisch! Gott bewahre uns vor Sturm und Wind und Deutschen, die gegen Europa sind!

Man darf also gespannt sein, wer als Erster seine Zierleisten und Girlanden über Bord wirft und zu „Mutti" ins kuschelige Bett der Volksverächter, der Feinde des Grundgesetzes, der Feinde der Trennung zwischen Judikative, Exekutive und Legislative, der Feinde der Alten, der Armen, der Kranken, der Pflegbedürftigen kriechen wird!

Noch sitzt ihr da oben,
ihr feigen Gestalten.
Vom Feinde bezahlt,
dem Volke zum Spott.
Doch einst wird wieder Gerechtigkeit walten,
dann richtet das Volk.
Dann Gnade euch Gott!

(Theodor Körner)

Einleitung

Die USA fühlen sich vor aller Welt wegen des Spionageskandals in die Enge getrieben und schlagen nun auf einem Feld zurück, auf dem Deutschland besonders verwundbar ist! Sie monieren in besonders harschem Ton den Außenhandelsüberschuss Deutschlands, der zum Zusammenbruch der südlichen EU-Länder führt. Und das ist richtig! Deutschland hat zwei „Vorteile", die es schamlos ausnutzt, laut der Studie eines japanischen Wirtschaftsforschungsinstitutes: Zu 51 % finanziert es seine Überschüsse mit dem billigen Geld der EZB, zu 49 % werden die Außenhandelsüberschüsse durch Dumpinglöhne, durch die Hartz-Gesetze, durch Zeitarbeit und Leiharbeit finanziert. Damit ruiniert Deutschland die nicht konkurrenzfähigen Partner in der EU und treibt sie ins Massenelend! Außerdem scheint an den deutschen Stammtischen immer noch nicht angekommen zu sein, dass die ruinierten Länder nur einen Bruchteil von wenigen Prozent aus den Rettungsschirmen bekommen und stattdessen damit die billigen Kredite der notleidenden deutschen und französischen Banken bedient werden, die diese Länder zusammen mit der EZB mit ihrer Geldschwemme vorher in den Ruin getrieben haben! Die nationalökonomischen Binsenweisheiten aus dem ersten Semester Volkswirtschaft sind jedoch dem Volk schwer nahezubringen! Und genau damit rechnen die EZB-Häuptlinge sowie die Finanzminister von Deutschland und Frankreich und drehen weiter an der Geldschwemme!

NOVUS ORDO SECLORUM

Es findet sich auf dem Ein-Dollar-Schein der Ausspruch „In God We Trust" („Wir vertrauen auf Gott" –oder auf den göttlichen Beistand des Vatikans?). Auf der Rückseite befindet sich ein Pyramidenstumpf, der vom „göttlichen Auge" als Symbol der Schöpfung gekrönt wird. Der lateinische Text „Annuit coeptis" bedeutet übrigens: „Es nützt unseren Zielen" – offensichtlich ist damit das Geld gemeint.

Geld nützt also irgendwelchen Zielen irgendwelcher Leute und die drucken das auch noch auf die Dollarscheine im Vertrauen darauf, dass die breite Bevölkerung die lateinische Sprache nicht versteht. „Novus ordo seclorum" („neue Ordnung der Jahrhunderte", „neue Weltordnung"): Der Adler war das Symbol von Zeus, da er der einzige Vogel war, der in die Sonne blicken konnte. In seinen Klauen hält er Olivenzweige mit 13 Blättern als Symbole des Friedens und 13 Pfeilen als Symbole des Krieges. Es finden sich auch 13 sechszackige Sterne auf dem Schein, mit der offiziellen Begründung, dass es sich historisch um 13 Gründungsstaaten der USA handelte. Wenn man aber bedenkt, dass auch die Grundreihe der Pyramide aus 13 Steinen besteht, dann taucht die Zahl 13 – die mystische Zahl der Transformation – erstaunlich oft auf diesem Geldschein auf.

Es wäre müßig und fällt in den Bereich der Verschwörungstheorien, hier noch weitere Spekulationen über die mögliche Bedeutung der Symbolik der Ein-Dollar-Note anzustellen. Doch ich werde das Gefühl nicht los, dass sich hier jemand bei der Verzierung dieses Geldscheines einen Scherz erlaubt hat und uns, die Nutzer, auf den Arm nimmt.

Woher kommt das Geld?

Blöde Frage, wird sich jetzt ein möglicher Leser denken, das Geld wird nach Bedarf auf Geheiß der Zentralbank gedruckt und ich bekomme es dann von meiner Bank! Nun, ganz so einfach ist es nicht. Tatsächliches, reales Geld ist nur zu 5 % im Umlauf, also greifbar, das ist das Geld, das Sie sich von der Bank am Automaten holen können, und alles andere, nämlich satte 95 %, ist Giralgeld! Das heißt, dieses „Vermögen" besteht nur auf dem Papier, ist also Buchungsgeld, nicht greifbar und im Grunde gar nicht existent!

Dieses „Geld" entsteht durch einen lapidaren Buchungssatz, nämlich dann, wenn Sie sich ein Häuschen, ein Auto kaufen, ein Unternehmen aufbauen oder Sonstiges. Sie nehmen dann nämlich einen Kredit auf. Das nennt man auch Bilanzverlängerung. Soll heißen:

Der auf der Aktivseite ausgewiesene Wert des Bankkontos wird um den geliehenen Betrag erhöht, das heißt, der Aktivsaldo wächst. Die Passivseite wächst gleichermaßen um eine neue Schuld. Aktiv- und Passivseite sind um den gleichen Betrag gewachsen. Giralgeld ist also Geld, das nur aufgrund eines Buchungssatzes im Computer entsteht, und die alleinige Haftung trägt der Kreditnehmer mit seinen Sicherheiten! Dieses „nicht vorhandene" Geld erhält einen tatsächlichen Wert durch die Sicherheiten des Kreditnehmers. Also durch Ihr Eigentum!

Ein Wunder! Geld entsteht, das vorher überhaupt nicht vorhanden war. Diesen Vorgang nennt man auch kurioserweise „Geldschöpfung"!

Nun wundert es mich nicht, dass der Chairman von Goldman Sachs, Mr. Blankfein, vor nicht allzu langer Zeit behauptete: „Ich bin ein Banker, ich verrichte Gottes Werk!" Wenn man es von seinem Standpunkt aus betrachtet, hat dieser Mann vollkommen Recht, denn er erzeugt etwas aus dem Nichts!

Nennenswert ist einer der Gründer genau dieses Systems, nämlich John Law! (1671–1729)

Die Möglichkeit, „Geld aus Luft" bzw. allenfalls als bedrucktes Papier zu erschaffen, beflügelte zahllose Abenteurer, durch diverse Tricks und Manipulationen zu sagenhaftem Reichtum zu gelangen. Im Jahre 1720 stieg Law zum reichsten Mann der Welt auf, denn er besaß die Banque Royale, die französische Nationalbank. Die Unternehmen, die er gründete, besaßen das Monopol auf den französischen Handel mit Amerika, Westindien, Indien und dem Fernen Osten – dazu zählte auch der Sklavenhandel. (Logisch.)

Der Staat könnte jederzeit bloß bedruckte Zettel in Umlauf bringen und einfach behaupten, die dafür erforderliche Deckung bestünde in den zukünftigen Steuerleistungen seiner Bürger. Die Gelddeckung war damit die Steuerschuld bzw. die Steuerzahlungen der Zukunft. Durch diese bemerkenswerte (oder soll man sagen merkwürdige?) Idee wurde John Law zum „Vater" des sogenannten Fiat Money. Dieser Ausdruck stammt von einem lateinischen Bibelzitat ab: „fiat lux" – „es werde Licht" („fiat" bedeutet „es werde", „lux" hingegen „Licht"). Banker können also durch die reine „Wortmagie" (heute ein Buchungssatz) – „Es werde Geld" – Geld erzeugen, in analoger Weise wie Gott aus dem Nichts das Licht erschuf. Und die Banker wissen das ganz genau!

Fällt Ihnen dabei etwas auf?

Law strebte an, mittels des so geschaffenen Papiergeldes Deflation zu verhindern und Handel und Gewerbe mit hinreichend Liquidität zu versorgen – ein erst im 20. Jahrhundert als geeignet anerkanntes Konzept!

Klingelt es jetzt bei Ihnen?

Ich fürchte, diese Kolumne wird lang, ich gebe wirklich mein Bestes, um diese perversen Strukturen so kurz wie möglich ohne viel Bankster-Jargon darzustellen. Also weiter!

Die Zinsen!

Auf einer Insel wohnen zehn glückliche Menschen, die dort zufrieden arbeitsteilig und kooperativ, also ohne Wettbewerb, wirtschaften.

Eines Tages landet dort ein Banker, der in einem Sack 100 Goldstücke mit sich führt. Er sieht, dass die Menschen auf der Insel gelegentlich Waren und Dienstleistungen miteinander tauschen, und erklärt ihnen, wie hoffnungslos rückständig sie wären, und schlägt ihnen schließlich Folgendes vor: Er leiht jedem von ihnen zehn Goldstücke für die Dauer eines Jahres, zu einem Zinssatz von 10 %. Nach einem Jahr sollen sie den Kredit und die Zinsen an ihn zurückzahlen, in der Zeit bis dahin können sie seine Goldstücke als Geld verwenden. Es müsste eigentlich sofort auffallen, dass der Banker nach einem Jahr von den Einwohnern der Insel 110 Goldstücke (100 + 10 %) verlangen wird, obwohl er ihnen nur 100 zur Verfügung gestellt hat. Da niemand außer ihm über Goldstücke verfügt, er also das Monopol auf die Geldschöpfung besitzt, können die Menschen die für die Zinsen erforderlichen Währungseinheiten auch sonst nirgendwo beschaffen.

Wie können die Menschen nun aber dennoch ihre Verträge mit dem Geldverleiher erfüllen?

Dafür gibt es nur zwei Lösungen: Entweder muss einer von ihnen seine zehn Goldstücke an die anderen neun Mitbewohner verlieren, das heißt: insolvent werden, damit diese ihre Tilgungen und Zinsen bezahlen können, oder die Menschen müssen zur Bezahlung ihrer Zinsen abermals einen Kredit beim Geldverleiher aufnehmen und geraten so immer mehr in die Abhängigkeit von diesem. Die erste Variante, der Konkurs eines bzw. einiger Wirtschaftsteilnehmer (damit die anderen ihre Zinsen begleichen können), besitzt in der freien Marktwirtschaft einen speziellen Namen: „gesunder Wettbewerb". Tatsächlich existiert Konkurrenz in unserem Wirtschaftssystem ausschließlich deshalb, weil die Banken Schuldgeld, also ungedecktes Geld, das immer nur zugleich mit einer Schuld erzeugt wird, gegen Zinsen verleihen.

Cui bono?

Dieses System nutzt den Politikern wie den Banken gleichermaßen, so ist es eine logische Schlussfolgerung, dass diese Institutionen, verzeihen Sie mir meine direkte Ausdrucksweise, sich einen Scheißdreck um das Wohl der Bürger, oder besser: der Menschen, kümmern. Es werden immer nur die Lobbyisten gewinnen und Sie, ja, genau Sie, werden zahlen und haften mit Ihrer Arbeitsleistung, mit Ihrem Eigentum für diese!

Mit diesem System wird die Welt mit Sicherheit nicht besser werden, dieses System wird niemals alle Menschen der Erde ernähren können, dieses System sorgt weiter für die unsäglichen Missstände auf unserem Planeten!

„Geld kehrt irgendwann immer wieder zu seinem Ausgangswert zurück! NULL!" (Voltaire)

Quellen:

- Prof. Hans Christian Binswanger
- Prof. Joseph Huber
- Frank Schäffler
- Prof. Franz Hörmann
- Fritz Glunk
- RA Carlos A. Gebauer
- Rainer Kahni

DEUTSCHLAND, DEINE SCHWABEN

Kennst du das Land, wo keiner lacht,
wo man aus Weizen Spätzle macht,
wo jeder zweite Eugen heißt,
wo man noch übern Balken scheißt,
wo jede Bank ein Bänkle ist
und jeder Zug ein Zügle,
wo man den Zwiebelkuchen frisst
und Moscht sauft aus dem Krügle,
wo „daube Sau", „leck mich am Arsch"
in keinem Satz darf fehlen,
wo sich die Menschen pausenlos
mit ihrer Arbeit quälen,
wo jeder auf sein Häusle spart,
hat er auch nichts zu kauen,
dann fängt er an zu bauen.
Doch wenn er endlich fertig ist,
schnappt ihm das Arschloch zu!
O Schwabenland, gelobtes Land,
wie wunderbar bist du!

Als Thaddäus Troll dieses köstliche Gedicht, das die Schwaben so treffend charakterisiert, in sein wunderbares Buch „Preisend mit vielen schönen Reden", erschienen bei Hoffmann und Campe im Jahre 1972, aufgenommen hat, da dachte er natürlich in erster Linie an die Schwaben aus deren ureigenem Stammland.

Durch eine Wahlfälschung kam es jedoch zum Treppenwitz der Geschichte, als ausgerechnet der badische Erzfeind mit dem Schwabenländle zum Bundesland Baden-Württemberg verschmolzen wurde. Die beiden Mentalitäten sind sich so fremd wie Holsteiner und Bayern. Eine für Fremde unsichtbare Grenze geht heute noch durch diese beiden Länder. Nur der Kenner weiß, wo Württemberg aufhört und Baden beginnt. Er muss nur die Speisekarte eines Gasthauses lesen und weiß sofort, er ist gerettet, er ist im ehemaligen Großherzogtum Baden. Hier wird gespeist, hier liebt man gute Weine, frischen Spargel, in Butter geschwenkte Petersilienkartoffeln, die köstlichen Felchen des Bodensees, die Weine des Markgräfler Landes, des Kaiserstuhls und den Meersburger Weißherbst.

Während man in Württemberg immer noch den schwäbischen Sauerampfer, Marke Bahndamm Sonnenseite, aus dem Remstal trinken muss, der diesem furchtbaren Gesöff den Trinkspruch „Nur Penner trinken Württemberger" eingebracht hat und der nur genießbar wird, wenn Südzucker mit dem Lastwagen aus Südtirol gekommen ist, um diese minderwertigen Weine aufzuhübschen, und man Kutteln und schwere Spätzle verachtungsvoll in sich hineinschaufelt, genießt der Badener seine Speisen wie ein französischer Gourmet.

Beide Mentalitäten haben nur eine Gemeinsamkeit: Sie sind gemeinsam stark. „Die Badener denke, die Schwobe schaffe", lästern die Badener über die ungeliebten Schwaben, wohl wissend, dass gerade diese Symbiose zum Erfolg des Musterländles beigetragen hat. Gemeinsam haben es diese Menschen im Süden Deutschlands mit Fleiß, Mut, Intelligenz, Schaffenskraft, Sparsamkeit und Erfindungsgeist zu Weltunternehmen gebracht. Dabei waren es nicht unbedingt die großen Industriezweige, die dieses Wirtschaftswunder vollbracht haben, sondern die vielen mittelständischen Unternehmer.

Und dies t r o t z ihrer oft mäßig begabten Politiker. Es war ganz bestimmt nicht der Verdienst eines ehemaligen Referenten im Reichspropagandaministerium, eines Exmarinekriegsgerichtsrates, eines vom Bürgermeister von Bietigheim-Bissingen zum Ministerpräsidenten sich hochlavierenden Cleverle, eines Spaichinger Verwaltungsbeamten, eines vom Amateurhistoriker zum Schnellschwätzer Avancierten und eines nie vom Volk gewählten Ministerpräsidenten von Baden-Württemberg, des auch als Spanferkel von Pforzheim Bekannten, dass das Ländle so prosperierte.

Das Ländle ist dank seiner fleißigen Bürger so reich geworden. Der Schwabe liebt es, sparsam zu sein. Der Badener liebt es, gut zu essen. Alle zusammen halten ihre Politiker gottergeben aus, solange sie sich wie Schwaben und Badener benehmen. Sie haben sich auch an den abgrundtief hässlichen alten Bahnhof von Stuttgart gewöhnt, da war es nicht schwer, sich auch an die teilweise wenig ansehnlichen Politiker zu gewöhnen.

Doch nun machen eben diese Politiker etwas völlig Unschwäbisches: Sie reißen einen Bahnhof ab, dem es trotz seiner Hässlichkeit noch gutgetan hätte, und versteigen sich in ein monströses und größenwahnsinniges Bauwerk, das so unschwäbisch ist, wie man unschwäbischer nicht sein kann. Sie verprügeln ihre friedlichen Bürger, weil sie etwas typisch Schwäbisches tun: Sie maulen und mahnen zur Sparsamkeit.

Der nie gewählte Ministerpräsident kauft unter Umgehung des Kabinetts und des Landtages einen Energiekonzern mit den Spargroschen der Schwaben und Badener. Unter dem Eindruck der nuklearen Katastrophe in Japan wird dieses unseriöse Geschäft wahrscheinlich sogar überhaupt kein Geschäft, denn die EnBW muss mindestens drei ihrer Schrottmeiler schließen. Da fließt also wahrscheinlich gar kein Geld in die Staatskasse. Es ist aber eine schwäbische Todsünde, Geld zu verschwenden. Das geht dem Schwaben zu weit.

Am kommenden Sonntag sind nun Landtagswahlen in Baden-Württemberg. Die Schwaben und die Badener werden möglicherweise das Unmögliche denken und sich von ihrer altgewohnten Partei abwenden. Etwas Neues bietet sich ihnen an. Genauso vertraut Schwäbisch und Badisch sprechend, genauso konservativ, genauso bürgerlich, bloß ein bisschen wertkonservativer, etwas sparsamer, etwas bewahrender und gleichzeitig moderner. Eine Symbiose zwischen jugendlicher Intelligenz und altschwäbisch-badischer Behäbigkeit bietet sich den Baden-Württembergern an.

„Do sott mer doch amol ernschthaft driber nochdenke, ob des net vielleicht ebbes fir ons wär“, sagt sich der Baden-Württemberger und die verfilzte und jeden Kontakt zur Bevölkerung verlorene Partei der Altvorderen gerät in Panik. Die Altliberalen aus dem Remstal gibt es ohnehin nicht mehr, also wo ist die Alternative?

„Mer wisset scho, was mer dont, lasset ons no mache, dene Herre in Stuagert zoigets mir. Mir kenntet älles, bloß net Hochdeitsch. Also nähmet euch in Acht, ihr hohe Herre!“

Es grüßt aus Deutschlands letschtem Zipfeli,
us Konschtanz,
dr Karle Dipfeli!

RESÜMEE OBERFRANKEN

Oberfranken liegt im fränkischen Teil von Bayern und ist sowohl ein Bezirk als auch ein Regierungsbezirk. Mit 7.231,41 Quadratkilometern und 1,07 Millionen Einwohnern deckt es den nordöstlichen Teil von Bayern ab. Der Verwaltungssitz liegt in Bayreuth. Ja, Sie lesen richtig: Bayreuth!

Die Oberfranken sind ein Phänomen, denn die Bratwurst ist der knusprige Spiegel der oberfränkischen Seele. Kein anderer Gegenstand verkörpert jede Nuance der oberfränkischen Attribute mehr als sie. Wie aber der „typische Oberfranke" ein Trugbild irregeleiteter Volkskundler ist, ist auch die typisch oberfränkische Bratwurst ein Phantom!

Johann Friedrich Esper beschrieb bereits zwischen 1774 und 1790 einige Höhlen der fränkischen Alb und J. B. Fischer grub 1788 die Grabhügel von Mistelgau im Landkreis Bayreuth aus. Die älteste Anwesenheit von Menschen wird durch Werkzeuge aus Lydit aus dem Riss-Wurm-Interglazial (120.000–80.000 v. Chr.) belegt, die der Neandertaler fertigte. Oft begegne ich heute noch bei meinen Spaziergängen dieser getarnten Spezies!

Die oberfränkische Bratwurst gibt es nicht. Bei einem Volk „ohne gemeinsame Zeitung, ohne gemeinsame Hauptstadt" (Max v. Aufseß), das sich seit Kaiser Karl auf keinen gemeinsamen Herrscher mehr festlegen wollte, ist auch die Meinung über die beste aller Würste gespalten.

So beginnt jeder Grillabend mit der verhängnisvollen Frage, wo die „Würstla" denn gekauft wurden. Und er endet mit einer hitzigen Auseinandersetzung der versammelten Expertenschar, wo es bessere gibt. Zu einem Ergebnis kommen sie nie – erstens ist es spät geworden, und schließlich ist die fränkische Bratwurst nichts weniger als das rostbraune Abziehbild der tiefen inneren Zerrissenheit dieses Volksstammes. Alle Oberfranken lieben die Königin der Würste, aber alle lieben eine andere und wehe, der Nachbar hat längere oder bessere. Ein Fauxpas!

Freilich müssen speziell die Oberfranken mit ungemütlicher Kälte oft bis zum Juni aushalten und mit nur wenigen Sonnentagen im Jahr ist es mehr als verständlich, dass sich dieses Volk mehr über die Nachbarn Gedanken macht, als das Leben zu genießen. Mit knallrotem Pullover stellt man sich hinter zugezogene Vorhänge und beobachtet den Nachbarn! Es könnte sein, dass er etwas Neues oder Besseres hat. Mit dieser lückenhaften Allgemeinbildung setzt man dann diese erworbenen Kenntnisse in die Welt, damit man was zu erzählen hat, denn über das schlechte Wetter will selbst ein Oberfranke nicht mehr reden!

„Die Neigung zur ‚lückenhaften Allgemeinbildung‘ ist den Franken ebenso angeboren wie der Hang zur Eigenbrötelei.“ (Wolfgang Buhl, frei umge- und übersetzt.)

Fitzgerald Kusz: „Allem Großen gegenüber ist der Oberfranke skeptisch. Sogar der Zwerg ist ihm nicht klein genug – er macht sofort ein Zwergla daraus.“ Wie wahr. 1975 tagte ein internationaler Kongress in den Mauern der Noris und hätte keine würdigere Stätte für sein Symposium mit dem Thema „Zerkleinern“ wählen können. Traditionell fühlen sich die Bewohner Oberfrankens eher dem Mikro- denn dem Makrokosmos zugehörig!

Neue Denkweisen werden kategorisch abgelehnt und man hält gerne an „alten Bräuchen" fest. Es werden Gartentüren entwendet, die man dann wieder am Marktplatz abholen darf, und das findet man witzig! Man verkleidet sich mit Inbrunst mit Lederhosen und Dirndl, zieht mit dem Blech um 8:00 Uhr durchs Dorf, im schlimmsten Fall wird dann noch der Rosenkranz gebetet, um die Bodenständigkeit zu demonstrieren. Och Gottala!

Auch politisch hält man gerne an der Vergangenheit fest, das muss an dem Einfluss von Nürnberg liegen, eine andere Erklärung gibt es hierfür nicht. Deutschlandflaggen in jedem dritten Garten und der Tenor ist ganz klar schwarz bis braun! Die Oberfranken haben die Mottos: „Bist du nicht mit uns, bist du gegen uns!" und „Wenn jeder an sich denkt, ist an jeden gedacht!" Und das von ganz unten bis in den Verwaltungsbezirk Bayreuth!

Wenn Sie jetzt dachten, dies würde eine Hommage an dieses „letzte" Stückchen Bayern werden, haben Sie sich grundlegend getäuscht! So mancher Geschäftsmann sollte jetzt drei Kreuze machen, dass ich noch nicht über seine korrupten Vorgehensweisen berichte und auch nicht darüber, wie sich die „Germanische Neue Medizin" in Oberfranken mit Unterstützung der regionalen Politiker in Oberfranken niederlassen konnte.

Jedoch findet man in Oberfranken auch sehr liebe Menschen und Menschen, die Solidarität buchstabieren können. Oberfranken befindet sich hier noch im Entwicklungsstadium und mein Respekt gilt denen, die sich aus dieser korrumpierten Verankerung lösen.

Fortsetzung folgt!

DIE FRANZOSEN UND DIE DEUTSCHEN SIND DIE HAUPTVERURSACHER DER EUROKRISE!

Die Eurokrise wird in Deutschland und Frankreich entschieden! Deutschland ist mit seinen Leiharbeitern, seinen Dumpinglöhnen, seinen fehlenden gesetzlichen Mindestlöhnen, seinen überbordenden Haushaltsdefiziten, seinen hochsubventionierten Exporten von Waffen und Agrarprodukten der größte Profiteur des Euro und verschuldet mit seinen unredlich erwirtschafteten Exportüberschüssen die Eurokrise. Die „Financial Times Deutschland" hat diese Wettbewerbsvorteile zurecht als „Wettbewerbsverzerrung" bezeichnet! Die deutschen Exportüberschüsse gehen zu Lasten der EU-Mitglieder, da 60 % aller deutschen Waren in die EU-Länder exportiert werden.

Wie soll ein griechischer Olivenpflanzer existieren können, wenn Lidl den griechischen Markt mit Billigoliven überschwemmt? Wie soll der spanische Fleischermeister erfolgreich wirtschaften, wenn in Deutschland für einen bis drei Euro Stundenlohn geschlachtet wird und die Agrarindustrie, vor allen Dingen die Großmastbetriebe, mit Milliarden von Euro vom deutschen Steuerzahler subventioniert werden? Wie soll ein südeuropäisches Land existieren können, wenn Kredite davon abhängig gemacht werden, dass unsinnige deutsche Panzer, Flugzeuge und sonstiges Kriegsgerät gekauft werden müssen? Das unwegsame Griechenland hat eine Armee von 200 Panzern aus der Produktion von Kraus-Maffei und Rheinmetall gekauft. Damit hat Griechenland die größten

Panzerdivisionen aller europäischen Staaten! Wozu? Wer bedroht Griechenland? Und wie soll sich das Land an der Ägäis ausgerechnet mit Panzern gegen einen Angriff von See her zur Wehr setzen? Da helfen dann nicht einmal mehr die beiden sündteuren französischen Fregatten, die ein französischer Rüstungskonzern dem armen bankrotten Land aufs Auge gedrückt hat!

Der hochintelligente italienische Ministerpräsident Mario Monti hat erst gestern völlig zurecht bemängelt, dass gerade Deutschland und Frankreich die größten Schuldenmacher der Eurozone sind. Während Italien im Jahre 2013 einen ausgeglichenen Haushalt hat, wird die Staatsverschuldung seit 1971 in Deutschland immer größer. Deutschland leistet sich eine aufgeblähte Kleinstaaterei, die noch vor das Jahr 1871 zurückgeht. Von Sparen keine Spur! Nicht einmal im höchsten Konjunkturboom schafft es Deutschland, einen ausgeglichenen Haushalt hinzubekommen. Von Tilgung erst recht keine Spur! Schminkt man die deutschen Haushalte einmal ab, kommt unter der Maskerade eines scheinbar vertretbaren Haushaltsdefizites ein Schuldenberg von über drei Billionen Euro zusammen. Kunstvoll wird die zweite Buchführung einer Kosmetik unterzogen, die die ganzen Schatten- und Nebenhaushalte verbergen soll. Bürgschaften werden erst gar nicht mitgezählt. Rückstellungen für Pensionen von Beamten gibt es nicht, obwohl hier Haushaltsrisiken in Milliardenhöhe schlummern! Würde man Deutschland ein Spardiktat aufzwingen, wie es Sarkozy und Merkel großspurig den „faulen" Südeuropäern aufoktroyieren, dann wäre es bald vorbei mit der deutschen Bequemlichkeit und Selbstgerechtigkeit.

Doch solange der deutsche Michel die „Sportschau", Chips, Bier und „Wetten dass" hat, wird sich nichts bewegen in diesem verkalkten Land. Er lässt sich gerne täuschen von herrlichen DAX-Gewinnen, den geschönten Haushalten und den verlogenen Arbeitslosenstatistiken. Es ist ihm auch egal, dass neun Millionen Arbeiter von ihren Billiglöhnen nicht leben können, dass jeder vierte Arbeitnehmer von hoffnungsloser Altersarmut bedroht ist, dass die Gewerkschaften es zuließen, dass die Reallöhne seit 1991 um insgesamt 21,7 % gesunken sind, während 10 % der deutschen Oligarchie immer reicher werden. Der deutsche Michel kräht zwar neidisch nach einer höheren Steuer für die Millionäre, übersieht dabei aber gerne in seiner trostlosen Einfalt, dass kein deutscher Millionär den Spitzensteuersatz überhaupt bezahlt. Deutschland ist zum Mekka von Fiskalabsurdistan verkommen, denn 70.000 Einzelausnahmevorschriften im Steuerrecht machen es einem Heer von Steuerberatern möglich, ihre reiche Klientel arm zu rechnen.

Von Frankreich, das sich auch im Eurokonzert zum Moralapostel aufschwingt, ganz zu schweigen. Nicht ein einziges Mal hat Frankreich jemals die Maastricht-Kriterien erfüllt. Aber Sarkozy und Merkel spielen die Oberlehrer Europas! Das ist in einem Maße unredlich, dass es einem den Atem verschlägt!

Wenn Deutschland und Frankreich nicht endlich lernen, radikal ihre Haushalte abzurüsten, dann wird diese Idee einer gemeinsamen Währung, die auch eine Klammer für ein vereintes Europa ist, jämmerlich zusammenbrechen. Deutschland und Frankreich sollten sich abgewöhnen, in chauvinistischer Weise über andere Länder herzuziehen, sie sollten sich endlich ihrer Verantwortung für Europa bewusst werden und vor ihrer eigenen Türe kehren. Dem deutschen Michel muss endlich klargemacht werden, dass die Südeuropäer von den

vielen Milliarden für die diversen Rettungsschirme keine 10 %
sehen, sondern dass damit nur die heimischen Banken gestützt
werden, die prächtig am Bankrott der Südeuropäer verdienen!

Es wird gelogen, dass sich die Balken biegen!

AFGHANISTAN:
MERKEL BESUCHT „IHRE"
TRUPPEN!

Das Merkel ist in Afghanistan! Die sich als Staatsratsvorsitzende der Republik Merkel fühlende Oberbefehlshaberin der Bundeswehr besucht ihre Truppen. Die ganze Sache hat einige Schönheitsfehler:

1. Dieser Bundeswehreinsatz ist rechtswidrig!

2. Deutschland befindet sich im Krieg in einem fernen Land und nicht bei einem humanitären Hilfseinsatz!

3. Das Grundgesetz sieht im Kriegsfalle vor, dass der Kanzler den Oberbefehl über die Truppe übernimmt!
Sie weigert sich aber standhaft, die alleinige Verantwortung für diesen Einsatz zu übernehmen. Nur in Friedenszeiten ist der Verteidigungsminister Oberbefehlshaber der Bundeswehr! Haben wir Frieden in Afghanistan? NEIN!

4. Was soll also der Besuch bei der Truppe?

Betroffenheitskitsch, Kränze abwerfen, Gespräche führen mit verantwortungslosen Offizieren, die zu feige sind, den Politikern ein entschiedenes NEIN entgegenzuschleudern! Diese Offiziere sind Beamte in Uniform, die fleißig Zulagen, Orden und Ehrenzeichen für ihre Schlachterkittel sammeln. Was soll man von solchen Bundeswehrbeamten erwarten? Etwa Zivilcourage? Etwa selbstständiges Denken? Etwa verantwortungsvolles Handeln gegenüber den ihnen anvertrauten Soldaten? NEIN, die Bundeswehrbeamten sind Politoffiziere, die die verlogenen Phrasen der Politiker ungeprüft und skrupellos in die Hirne der Soldaten eintrichtern. Der Soldat glaubt doch allen Ernstes, dass er die Sicherheit Deutschlands am Hindukusch verteidigt, dass er den Menschen dort ein besseres Leben ermöglichen soll, und sieht doch tagtäglich, dass das alles nur Lügen sind!

Der Soldat, gerade der Offizier, hat nach den Dienstvorschriften der Bundeswehr die Pflicht, ungesetzliche Befehle zu verweigern. Er tut es nicht! Also gehören die verantwortlichen Soldaten, Offiziere und Politiker vor Gericht gestellt! Das wehleidige Gejammer nach mehr moralischer Unterstützung durch die deutsche Bevölkerung ist fehl am Platze!

Der deutsche Bürger will diesen verdammten Krieg nicht!

Begreift es endlich oder schert euch zum Teufel!

DIE LETZTEN BEISSEN DIE HUNDE!

Was haben die deutsche Sektsteuer und die NATO miteinander zu tun? Sie haben beide eines gemeinsam, sie sind aus einem anderen Grund entstanden, der bei beiden längst entfallen ist, und sie bestehen trotzdem weiter. Wilhelm II., oder auch Wilhelm der Plötzliche genannt, war neidisch auf die damals mächtige englische Kriegsmarine. Er wollte auch so prachtvolle Boote haben wie die Admiralität des britischen Empire und beauftragte den damaligen Befehlshaber der mehr als bescheidenen kaiserlichen Flotte Admiral Tirpitz, ihm eine noch größere und noch mächtigere Flotte herbeizuschaffen. Doch woher das viele Geld nehmen und nicht stehlen? Da kamen gewitzte Fiskalpolitiker auf die „geniale" Idee, einfach eine Steuer auf den in den Gründerjahren reichlich fließenden Sekt zu erheben. Der Rest ist schnell erzählt. Die Flotte fürchtete sich im Ersten Weltkrieg vor der britischen Übermacht zu Tode und gab eigentlich nie einen scharfen Schuss während des ganzen Krieges ab. In Scapa Flow wurde dann am Ende des Weltkrieges die gesamte stolze deutsche Kriegsmarine versenkt, damit sie nicht den Briten in die Hände fiel! Sie existiert also seit dem Ende des Ersten Weltkrieges nicht mehr, der Grund für die Sektsteuer war entfallen. Doch wen wundert es, sie existiert heute noch und dient aber einem anderen Zweck, nämlich die immer größer werdenden Haushaltslöcher der Bundesrepublik Deutschland zu stopfen.

Die North Atlantic Treaty Organization (NATO) wurde nach dem Zweiten Weltkrieg unter Führung der Vereinigten Staaten von Amerika zur Abwehr eines drohenden heißen Krieges durch die Staaten des Warschauer Paktes gegründet. Der Kalte Krieg wurde nie zu einem heißen Krieg, da so das Gleichgewicht des Schreckens zwischen den Westmächten und dem unter russischer Herrschaft geknechteten kommunistischen Ostblock hergestellt war. So gab es eine Koexistenz der Abschreckung, die immer wieder nachgerüstet werden musste, um die Balance zwischen den verfeindeten Blöcken zu halten. Immerhin bescherte dieses Prinzip der Abschreckung Europa eine Periode des Friedens und der Freiheit. Die USA ließen sich von den europäischen Partnern diesen Schutzschirm gut bezahlen und verdienten auch an der Stationierung ihrer Truppen in Europa. Der US-amerikanische militärische Rüstungskomplex verdiente sich wund bei der Aufrüstung der deutschen Bundeswehr und dem Verkauf von Waffen an andere europäische Länder. Das arg gerupfte britische Empire konnte nur mithilfe der USA wieder aufgerüstet werden. Im Jahre 1989 fiel in Berlin die Mauer, die Sowjetunion konnte beim Rüstungswettlauf nicht mehr mithalten, ging wirtschaftlich und moralisch bankrott. Der Warschauer Pakt hatte aufgehört zu existieren. Doch die NATO besteht bis heute fort und anstatt sich aufzulösen, weil ihr der Feind abhandengekommen war, suchte sie sich verzweifelt ein neues Feindbild.

Die Suche verlief lange Zeit vergebens, es kehrte eine Woge der Entspannung und der Demokratisierung der ehemaligen Staaten des Warschauer Paktes ein. Hier war also für den militärisch-industriellen Rüstungskomplex kein Geld mehr zu verdienen. Der neue Präsident Bill Clinton hatte sich nur ein einziges Mal dazu drängen lassen, eine militärische Intervention in Somalia zu starten, die gleich so was von in die Hose ging („Black Hawk Down"), dass er sich fürderhin mehr um seine Praktikantin und um die Wirtschaft seiner Nation kümmerte. Nun gut, das mit der Praktikantin ging zwar schief, aber es wurde dabei niemand ernsthaft verletzt. Aber die Wirtschaft boomte und Bill Clinton verließ das Weiße Haus unter Hinterlassung eines ausgeglichenen Staatshaushaltes. Der militärisch-industrielle Rüstungskomplex war enttäuscht! Es gab mit Clinton nichts zu verdienen.

Da ergab es sich, dass die amerikanische Lobby einen dümmlichen, bigotten, trockenen Alkoholiker fand, der sich mehr für „Micky Maus"-Hefte als für Politik interessierte. Und siehe da, welche Überraschung, er wurde der neue Präsident dieser prosperierenden Nation. Mit diesem Präsidenten konnten die Lobbyisten es treiben, wie sie es brauchten. Sie witterten neue Geschäfte. Was fehlte, war ein dazu passender Krieg. Das „Glück" war den Lobbyisten hold. Ein paar Wirrköpfe hatten sich schon Jahre zuvor um einen missratenen Sprössling einer mächtigen Milliardärsfamilie geschart und nannten sich al-Qaida. Sie waren schon für die Amerikaner tätig und wurden von ihnen auch prächtig ausgerüstet, um die Russen aus Afghanistan hinauszuwerfen. Diese Organisation führte eine neue, völlig andere Art von Krieg. Anstatt sich der russischen Panzerübermacht im offenen Kampf zu stellen, führte sie einen asymmetrischen Guerillakrieg gegen eine zahlenmäßig übermächtige russische Armee. Die Weltmacht Russland fand keine Mittel, um mit dieser Taktik fertigzuwerden, und verlor diesen Feldzug in Afghanistan unter großen materiellen und menschlichen Verlusten. Ihre Flucht über den Khyberpass wurde für die al-Qaida zum Duck Shooting, da die schwerfälligen russischen Geräte den heimtückischen kleinen Kommandoeinheiten nichts entgegenzusetzen hatten.

Doch wie es halt so ist: Die al-Qaida erkannte nun, dass die amerikanischen Werte nicht mit den eigenen kompatibel waren, und erklärte den USA kurzerhand den Krieg. Das Ergebnis ist bekannt. Durch eine neue Art von Bewaffnung, die Entführung von Verkehrsmaschinen und deren Einsatz als fliegende Bomben, griffen die ehemaligen Verbündeten Amerikas nun dessen Herzstück an. Das World Trade Center und das Pentagon wurden Opfer verheerender Anschläge. Eine Welle von Solidarität und Patriotismus erfasste das ganze amerikanische Imperium und steckte sogar europäische Partner an. Anstatt nun genau zu analysieren, wo der Feind Amerikas saß, zogen die Lobbyisten einen längst vorbereiteten Plan zum Überfall auf den Irak aus den Schubladen. Das Problem bei der Sache war: Auch dessen Diktator Saddam Hussein war bis dahin ein Vasall der USA im Kampf gegen den Iran. Doch Saddam Hussein duldete auf seinem Territorium keine al-Qaida und unterdrückte jede religiöse Regung mit blutiger Gewalt. Also musste ein Kriegsgrund von den amerikanischen Geheimdiensten „konstruiert" werden. Wie durch Geisterhand wurde Hussein der Anstifter der Anschläge auf das World Trade Center in New York und der Schutzherr der al-Qaida. Auch riesige Mengen von Giftgas und Raketensilos wurden auf irakischem Boden „entdeckt". Der amerikanische Außenminister Colin Powell musste sich mit diesen gefälschten Beweisen vor dem Weltsicherheitsrat zum Affen machen, die anderen Mitglieder konnte er aber nicht mit seiner Lügenshow überzeugen. Egal, die Rüstungslobby wollte jetzt einen Krieg mit oder ohne diese Schwatzbude am East River und so überfielen die USA mit einigen treudoofen Vasallen den Irak und richteten einen halbwegs funktionierenden Staat zugrunde. Was heute von diesem Staat zwischen Euphrat und Tigris, von dieser alten Kultur übrig geblieben ist, kann man jeden Tag in einem Meer von Tod, Blut, Leid und Elend besichtigen.

Doch der militärisch-industrielle Rüstungskomplex verdiente sich dumm und dämlich. Ganze Heerscharen von outgesourcten privaten Sicherheitsfirmen schossen aus dem Boden, um nach Abzug der Amerikaner wieder eine halbwegs intakte Infrastruktur herzustellen. Und wieder wurde kräftig dabei verdient.

Da entdeckten die Militärstrategen des Pentagon plötzlich, dass der eigentliche Feind gar nicht im Irak, sondern in Afghanistan saß. Die al-Qaida hatte nie Afghanistan verlassen und schon gar nicht in Richtung Irak. Sie war mehr im Jemen, in Pakistan, im Sudan und in Somalia aufgestellt. Doch so einfach war das nach der offensichtlichen Pleite und den Lügen des CIA nicht mehr, die Verbündeten für ein weiteres militärisches Abenteuer zu gewinnen. Schon beim Überfall auf den Irak hatten zwei mächtige Partner gezickt und ließen durch ihre Außenminister Dominique de Villepin für Frankreich und Joschka Fischer für Deutschland lauthals erklären, dass sie von den „Beweisen" nicht überzeugt wären und diesen Wahnsinn nicht mitmachen würden. Well done! Doch da drückten die USA auf die Tränendrüse der Menschenrechtler und Gutmenschen. In Afghanistan hatte sich nämlich eine radikalfundamentalistische Gruppe namens Taliban in das durch den Abzug der Russen entstehende Machtvakuum gedrängt und einen steinzeitlich-archaischen Gottesstaat errichtet. Videos mit in Fußballstadien hingerichteten Frauen geisterten plötzlich durch die Nachrichtensender der Welt. Die Szenen, die gezeigt wurden, waren herzzerreißend. Da konnten auch Frankreich und Deutschland nicht mehr Nein sagen. Hier musste einfach aus humanitären Gründen geholfen werden. Man sprach davon, Brunnen zu bohren, Schulen zu bauen, Frauenrechte einzuführen, eine Demokratie nach westlichem Vorbild zu installieren. Dafür hätten auch das Technische Hilfswerk, das Rote Kreuz und einige arbeitslose Lehrer gereicht. Die waren aber nicht so beliebt, denn die Taliban hatten ihre eigene Vorstellung davon, wie sie leben wollten.

Also blieb nichts anderes übrig, als diese Aufbauhelfer militärisch abzusichern. Und so tappten die Franzosen, Italiener, Niederländer und Deutsche in die große Bärenfalle der Amerikaner. Wenn sie alle vorher ein Geschichtsbuch in die Hand genommen hätten, dann wäre dort unschwer nachzulesen gewesen, dass schon Alexander der Große schnellstens weitergezogen ist, als er erkannte, dass in diesem Land kein Blumentopf zu gewinnen war. Auch die Briten hätten es wissen können, denn sie hatten schon einmal in Afghanistan ganz fürchterliche Prügel bezogen und mussten schmählich das Feld räumen. Die Russen hätten eigentlich ein abschreckendes Beispiel liefern können, wie man es am besten nicht macht und seine Finger aus Afghanistan heraushält. Wem das noch nicht reichte, der hätte dann wenigstens die Bücher von Karl May lesen können, der war zwar noch nie aus Sachsen herausgekommen, hatte aber immerhin genug Fantasie, um sich vorzustellen, wie es im wilden Kurdistan zugehen musste. Und so begann einer der dümmsten Feldzüge seit der Erfindung des Schießpulvers, wie das ein kluger und humanistisch gebildeter deutscher General so treffend bezeichnete. Lange war er dann nicht mehr General, sondern wurde unter fadenscheinigen Vorwänden in Schande aus der Bundeswehr entlassen. Solidarität unter seinen Generalskameraden? Fehlanzeige! Deutsche Generäle haben sich selten als Anhänger großer Zivilcourage geoutet und hingen dann doch lieber mit ihren kleinen Beamtenseelen an ihren goldbetressten Schlachterkitteln.

Während die Amerikaner und die Briten sich einen Dreck um Nation Building scherten, sondern lieber Flächenbombardements vorzogen, um ganze Teile der Bevölkerung und die ungeliebte al-Qaida auszurotten, versuchten die naiven Franzosen, Italiener, Niederländer und die Deutschen es im

Guten. Sie verteilten Lollis und Spaghetti und bauten auch ein paar Schulen und bohrten ein paar Brunnen. In Kabul wurde eine Operettenregierung von lauter korrupten Clowns eingesetzt, die nun Demokratie spielen sollten. Milliarden von Hilfsgeldern verschwanden auf deren Genfer Bankkonten. Die Taliban erinnerten sich der Guerillataktik gegen die Russen und führen seither einen asymmetrischen Krieg gegen die ISAF-Truppen. Die NATO ist gut beschäftigt, das Kriegsgeschäft florierte zehn lange Jahre gut, bis die Geldbeutel der Verbündeten klamm wurden und der Hurrapatriotismus in den Heimatländern rapidem Verlust und Schwund anheimfiel. Schlicht: Die Bevölkerung in den Heimatländern fühlt sich gar nicht von den Taliban bedroht und hat die Nase voll von den Lügen und dem Betroffenheitskitsch der Politiker.

Nun muss eine Exit-Strategie her, die den regulären Abzug der Truppen unter größtmöglicher Wahrung des Gesichtes bietet. Denn dass der Krieg verloren ist, das sagt man nicht, nein, im Gegenteil, die Politiker entblöden sich nicht, diesen dümmsten Feldzug aller Zeiten auch noch als Erfolg zu verkaufen. Dazu trafen sich die Regierungschefs nun in Chicago. Was herauskam, ist divergent. Die Franzosen ziehen ihre Kampftruppen sofort ab, es entsteht also in der Provinz Kapisa ein Machtvakuum, in das die Taliban sofort hineinstoßen werden. Auf die von den Koalitionstruppen ausgebildeten afghanischen Hiwis, die sich feudal afghanische Armee nennen dürfen, ist kein Verlass. Die meisten Toten, die heute noch zu beklagen sind unter den westlichen Soldaten, wurden nicht etwa Opfer der Taliban, sondern ihnen wurde von den von ihnen ausgebildeten bewaffneten afghanischen Soldaten in den Rücken geschossen. Die Niederländer waren klüger, sie haben sich schon früher vom Acker gemacht.

Ein fremdes Land mit einer riesigen Streitmacht von 150.000 Soldaten zu überfallen, ist eine Sache und kann sogar gut gehen, wie die Geschichte lehrt. Dort zu bleiben und das Land auf Dauer zu besetzen, wird schon schwieriger, denn es bindet enorm viel Menschen und Material. Aber wie kommt man aus so einem Land wieder heraus? Darüber machen sich die Regierungschefs der NATO-Länder erst jetzt Gedanken. Jeder Bankräuber plant erst einmal den Rückzug, bevor er eine Bank überfällt, Politiker planen gar nichts. Um es kurz zu machen, die Amerikaner und die Briten haben enorme Transportkapazitäten und werden kaum Schwierigkeiten haben, das Land zu verlassen. Die Italiener waren schon immer recht einfallsreich, wenn es darum ging, einen Kampfplatz zu räumen. Das ganze Material wird nach einem neu geschlossenen Abkommen mit dem korrupten Regime in Usbekistan über diesen Transitweg abtransportiert! Nun haben die deutschen Truppen in Kunduz und Masari-Scharif die undankbare Aufgabe, den Rückzug der anderen Alliierten im Norden des Landes militärisch abzusichern, da Afghanistan nur über das nördlich gelegene Gebiet der deutschen ISAF-Truppen verlassen werden kann. Seewege und Luftbrücken scheiden aus.

Was bleibt zurück? Die treuen Helfer der Alliierten werden von den nachrückenden Taliban abgeschlachtet wie weiland die Harkis nach dem Abzug der französischen Truppen aus Algerien. Die deutschen Soldaten werden auch dort ausharren müssen, bis der letzte Container, der letzte Panzer, der letzte alliierte Soldat in Sicherheit ist. Und dann werden die deutschen Truppen zum Abschuss von den wieder erstarkten Taliban freigegeben. Es wird ein blutiges Gemetzel, bevor das letzte Fort der Deutschen aufgegeben wird und dieses ungastliche Land verlassen werden kann.

Der letzte deutsche Soldat, der dieses Gemetzel überleben wird, macht dann das Licht aus und Afghanistan wird genau wie der Irak im Chaos versinken. Eine grandiose militärische und politische Dummheit wird in die Geschichtsbücher eingehen! Doch der militärisch-industrielle Rüstungskomplex wird mit seinem Wanderzirkus NATO weiterziehen und arbeitet heute bereits an einem neuen Feindbild. Der Iran stellt jetzt plötzlich eine Bedrohung dar und muss mit israelischen Atombomben und einem sündteuren Raketenabwehrschirm in Schach gehalten werden!

Genauso wie die Sektsteuer für Wilhelms Flotte wird auch die NATO ewig weiterleben!

DER DEUTSCHE MICHEL!

In Deutschland sind seit Jahrzehnten politische Entscheidungen von desaströsem Ausmaß durchsetzbar, wie sie in keinem anderen zivilisierten Staat denkbar sind. Mir erscheint jeder Tag günstig, einmal in die abgrundtief feige Seele dieser besonderen Teutonenspezies zu blicken, die mich vor Zorn, Abscheu, Verachtung und Ekel erschaudern lässt. Meine besondere private Situation erlaubt mir diese Freiheit der Gedanken und ich wäre nicht der beißende Chronist der Zeitgeschichte, wenn ich mir dieses wunderbare Gefühl, keine Rücksicht mehr auf irgendwelche Empfindlichkeiten nehmen zu müssen, entgehen ließe. Auf die jakobinischen Verfechter der Political Correctness, die mit ihrem Meinungsfaschismus jede noch so dämliche semantische Verrenkung begründen, habe ich immer gepfiffen.

Nach 70-jährigem Genuss der deutschen Mentalität muss ich mich dem Urteil meiner großen Vorbilder Friedrich Schiller, Voltaire, Heinrich Heine, Kurt Tucholsky und am Ende meines Lebens auch Wolf Biermann anschließen: Der Deutsche ist nicht reif für eine wahre Demokratie, denn er hat es zugelassen, dass sich die schlechtesten Vertreter seiner unreifen Spezies in strategischen Situationen des Gemeinwesens unabsetzbar etabliert haben. Der Deutsche ist Mittelmaß und wird deshalb auch von einem miefigen Mittelmaß regiert und gegängelt. Der Michel ist erstens dumm und zweitens frech: dumm, wenn er diese Leute wählt, und frech, wenn er dann auch noch erwartet, dass sie seine Erwartungen erfüllen sollen. Dabei rede ich gar nicht von unterschiedlichen Parteien, denn die gibt es gar nicht in Deutschland, das Land wird von einer Einheitspartei mit unterschiedlichen Stimmungen regiert, deren Abgeordnete alle einen gemeinsamen Nenner haben: Sie wollen ihre Macht und Pfründe behalten. Sie sind nichts anderes als die Erfüllungsgehilfen der unverschämtesten Lobbyisten.

Es ist dem deutschen Michel bis heute nicht aufgefallen, dass er in gar keiner Demokratie lebt! Eine Demokratie ist nicht, wenn Politiker eine Entscheidung fällen, eine Demokratie ist, wenn Politiker die Entscheidungen des Volkes umsetzen. Das ist ein entscheidender Unterschied! Mein Verständnis dafür, dass der Michel das bis heute nicht kapiert hat, nur weil er direkt aus dem Feudalstaat des Kaiserreiches auf dem Umweg über eine katastrophale Weimarer Republik ins Nazireich gewechselt ist, hält sich in Grenzen. Spätestens als die Alliierten ihm das Grundgesetz als Übungsvorlage für das demokratische Erwachsenwerden schenkten, hätte der Michel sich ja einmal in der Welt umschauen können, wie Demokratien eigentlich funktionieren. Weil die Gründungsväter dem deutschen Volk nicht mehr trauten, und das zu Recht, gaben sie ihm eine Scheindemokratie namens repräsentative Demokratie. Das Grundgesetz war eine Art Übungsmodell, das nach der Wiedervereinigung dem Ernstfall einer Verfassung gemäß Artikel 146 GG weichen sollte, wenn der Michel dann erwachsen geworden wäre.

Das Gründungsmitglied der Bundesrepublik Deutschland und Staatsrechtler Prof. Dr. Carlo Schmid ließ in Worten und Schriften nie den geringsten Zweifel daran, dass das von den alliierten Siegermächten geforderte Grundgesetz ein Provisorium darstellte, weil das deutsche Volk durch den Viermächtestatus nicht in freier Selbstbestimmung über eine Verfassung abstimmen konnte. Aus diesem Grunde fügten die Mitglieder der Gründerversammlung des parlamentarischen Rates den

Artikel 146 in das Grundgesetz ein, der besagt, dass nach der Wiedervereinigung vom deutschen Volk eine Verfassung beschlossen werden soll. Die Wiedervereinigung ist 23 Jahre her und Deutschland hat immer noch keine Verfassung. Warum? Weil es sich die politische Oligarchie und die Lobbyisten in der Zwischenzeit sehr bequem gemacht hatten in den Nischen des Grundgesetzes und die eroberte Macht nicht mehr zugunsten einer demokratischen Verfassung des Volkes hergeben wollten. Die aus dem Osten stammende Wendehälsin Angela Merkel erklärte kategorisch, dass eben nun das Grundgesetz die Verfassung sei und damit basta. Das ist nichts anderes als ein STAATSSTREICH VON OBEN, den das deutsche Volk, gewohnt zu gehorchen, klaglos bis heute hingenommen hat. Die Frage, die mich bewegt, ist, warum das deutsche Volk sich diesen Rechtsbruch gefallen lässt, und dies sagt einiges über die duckmäuserische Mentalität der Deutschen aus, die bis heute nicht demokratisch reif sind!

Ist der Michel erwachsen geworden? Das ist er nicht! Er hat bis heute klaglos hingenommen, dass der Geist des Grundgesetzes von seiner Oligarchie verletzt und ihm eine demokratische Verfassung verweigert wird. Er hat hingenommen, dass die schändlichen Reichskonkordatsverträge von 1933 zwischen dem Dritten Reich und dem Vatikan bis heute fortbestehen, und zahlt treu und brav seine Kirchensteuern. Der Michel hat bis heute hingenommen, dass es in ganz Europa neben Österreich nur noch in Deutschland eine weisungsabhängige politische Beamtenjustiz gibt. Er hat, zwar unter großem Murren und einigem folgenlosen Geschrei, die Entrechtung von Millionen von Bürgern durch Hartz, Leiharbeit, Billiglöhner und Zeitarbeit hingenommen. Er hat es ohne erkennbaren Protest hingenommen, dass seine Regierung chauvinistische Plattitüden aus der Mottenkiste des Nazirepertoires auf die südeuropäischen Staaten herunterregnen ließ und diese Länder mit ihrer egoistischen Wirtschaftsdoktrin in Leid und Elend stürzte. Der Michel akzeptiert weitgehend klaglos, dass eine hochsubventionierte Agrarmafia teilweise vergiftete und verdorbene Lebensmittel im Überfluss produziert, die dann zu 50 % im Müll landen oder in Entwicklungsländer exportiert werden, wo sie die dortigen Landwirte ruinieren und ganze Staaten verelenden. Zitat Prof. Ziegler: „Es kommt nicht darauf an, den Menschen mehr zu geben, sondern ihnen weniger zu stehlen." „Der Michel" murrt gegen die Allmacht der Finanzindustrie, die sich diesen Staat zur Beute gemacht hat, weil die Volksvertreter bis heute nicht mit Geld umgehen können. Anstatt sparsam zu haushalten und auf unnötigen Luxus wie 16 Bundesländer, zwei Regierungssitze und hunderttausende von völlig unnützen Beamten mit ihren noch unnützeren Behörden zu verzichten, werden immer neue Schulden gemacht und damit die Abhängigkeit von den Banken noch verstärkt. Immer neue soziale Wohltaten werden unters Volk gestreut wie Kamellen am Rosenmontag, um wieder gewählt zu werden. Der Michel zuckt einfach mit den Schultern, wenn der Bundesrechnungshof alljährlich circa 60 Milliarden verschwendete Steuergelder auflistet, als ob es nicht sein Geld wäre. Es scheint ihm egal zu sein, wenn Neonazis zehn Jahre lang raubend und mordend durch das Land ziehen und kein einziger politischer Verantwortlicher dafür zur Rechenschaft gezogen wird. Die Beispiele seiner duckmäuserischen Gleichgültigkeit gegenüber anderen Menschen könnte man bis zum Erbrechen fortsetzen.

Doch der Michel wähnt sich weiter unverdrossen in einer Demokratie und hat nichts begriffen. Er schreibe sich die Worte des Verfassungsrechtlers Prof. Dr. von Arnim ins Stammbuch: „Jeder Deutsche hat die Freiheit, Gesetzen zu gehorchen, denen er niemals zugestimmt hat; er darf die Erhabenheit des Grundgesetzes bewundern, dessen Geltung er nie legitimiert hat; er ist frei, Politikern zu huldigen, die kein Bürger je gewählt hat, und sie üppig zu versorgen mit seinen Steuergeldern, über deren Verwendung er niemals befragt wurde. Insgesamt sind Staat und Politik in einem Zustand, von dem nur noch Berufsoptimisten oder Heuchler behaupten können, er sei aus dem Willen der Bürger hervorgegangen." (Prof. Dr. von Arnim, Verfassungsrechtler)

Und nun kommt der Protest des wehleidigen Michels: „Diese Kritik ist undifferenziert und verallgemeinernd! Wir sind nicht alle so!" Doch! Schreibt es euch hinter die Löffel: Viele deutsche Sofademokraten verwechseln das geniale Geschäftsmodell von Mark Zuckerberg mit der Wahrnehmung ihrer demokratischen Pflichten. Anstatt den Computer abzustellen und zu Millionen gegen das himmelschreiende Unrecht auf die Straße zu gehen, verlinken sie in Facebook ihre ewig gleichen dummen Bildchen. Sie glauben allen Ernstes, dass dies die Freiheit sei. Dass diese Bildchen und Verlinkung von Medienerzeugnissen die staatsbürgerlichen Pflichten ersetzen. Das ist unreifer und auf entsetzliche Weise entarteter Kinderkram! Schon Schiller sagte: „Wenn ihr aufhört zu kriechen, dann werden sie aufhören zu herrschen!" Und Gandhi sagte zu Recht: „Wenn der Staat den Boden des Rechts verlassen hat, dann wird Widerstand zur Pflicht!" Doch merkt euch eines: Widerstand bedeutet nicht Betteln und Bitten! Es bedeutet Kämpfen und nicht Jammern. Freiheit wird erzwungen und nicht erbettelt!

Aber ich gebe zu, es sind nicht alle so. Einige Deutsche haben erkannt, dass es nicht reicht, zu murren, zu maulen und zu meckern. Einen wahrhaften Robin Hood unserer deutschen

Zeitgeschichte gibt es und man kann sogar seinen Namen benennen: Gustl Mollath. Er hat ohne Rückendeckung des deutschen Volkes das System angepisst und sitzt nun dafür seit vielen Jahren in einer bayerischen Psychiatrie. Der Staat hat zurückgeschlagen. Und warum kann es sich der Staat leisten, unliebsame Bürger einfach wegzusperren? Weil der deutsche Michel es zulässt und nicht zu Millionen für diesen Mann auf die Straße geht! Dazu fallen mir die Worte Bertolt Brechts ein: „Die Bürger werden eines Tages nicht nur die Worte und Taten der Politiker zu bereuen haben, sondern auch das furchtbare Schweigen der Mehrheit!"

LUCIDA INTERVALLA – LICHTE MOMENTE

Der Fall Gustl Mollath

Seit sieben Jahren sitzt Gustl Mollath in verschiedenen geschlossenen Einrichtungen in Bayern ein. Unter anderem in der Hochsicherheitspsychiatrie in Straubing. Dort hat man versucht, ihm ein neues Betreuungsverhältnis aufzudrücken. Der Betreuer hat unter gerichtlicher Aufsicht die Vertretungsvollmacht für einen Betreuten und im Fall Mollath versuchte man den Betreuten mit einer Zwangsmedikamentierung zu sedieren. Zur gleichen Zeit befand ein Gutachter, dass Gustl Mollath überhaupt nicht unter Wahnvorstellungen leide oder gar verrückt sei, somit konnte diese Maßnahme nicht durchgeführt werden. Sieben Jahre wehrt sich Gustl Mollath nun gegen seine Zwangsinhaftierung und sieben Jahre wurde versucht, diesen Mann zum Schweigen zu bringen. Ohne Erfolg.

Am 25. Juli 2013 entschied sich das Landgericht Regensburg gegen eine Wiederaufnahme des Falles Mollath. Das Gericht hat nicht die Möglichkeit genutzt, im Wiederaufnahmeverfahren die 14 Rechtsmängel im erstinstanzlichen Urteil aufzuklären, sondern ließ die Wiederaufnahme schon an der Zulässigkeitshürde scheitern. Das ist einfach und zeigt nur die übliche Faulheit von Richtern! Betrachtet man jedoch jeden einzelnen Rechtsmangel und subsumiert sie unter Straftatbestände im Amt, wie dies Juristen gelernt haben, erhält man zunächst den Eindruck, das zuständige Gericht habe nur Flüchtigkeitsfehler begangen. Betrachtet man aber die 14 „vermeintlichen

Verfahrensfehler" in ihrer Gesamtheit, dann verhärtet sich der ungeheuerliche Verdacht einer vorsätzlichen Rechtsbeugung.

1. 2001 kommt es zwischen Gustl Mollath und seiner Frau zu einer tätlichen Auseinandersetzung. Sie gibt an, gewürgt und geschlagen worden zu sein. Mollath bestreitet das und Zeugen gibt es nicht. Laut Aussagen von G. Mollath gibt es immer wieder Auseinandersetzungen wegen der von ihm beschriebenen Schwarzgeldgeschäfte seiner Frau, die diese von der gemeinsamen Wohnung aus abgewickelt haben soll, was in der Zwischenzeit sogar von der beschuldigten Bank als wahr eingeräumt wurde!

2. Im Mai 2002 trennt sich das Paar und es kommt zu einem Rosenkrieg. Mollath soll seine Frau gegen ihren Willen 90 Minuten in der Wohnung festgehalten haben, als diese kurz in die Wohnung zurückkehrte. Das ist zwar eine Freiheitsberaubung, wird aber von der Justiz unter Eheleuten gerne eingestellt oder auf den Privatklageweg verwiesen! Eine juristische Bagatelle also! 2002 engagiert sich Mollath für die Friedensbewegung und ist bei etlichen Demonstrationen dabei und tritt für seine Überzeugung ein.

3. Im Jahre 2002 stellt eine Arztpraxis ein Attest über die Verletzungen von Frau Mollath aus, die Mollath angeblich 2001 seiner Frau zugefügt haben soll. Im Urteil des Landgerichtes 2006 wird dieses Attest lediglich „verlesen". Behauptet wird, dass nicht die benannte Ärztin das Attest unterschrieben habe, sondern ihr Sohn, der als Assistenzarzt in der Praxis gearbeitet habe. Juristisch betrachtet also ein Zeugnis vom Hörensagen und somit nicht gerichtsverwertbar, ergo wertlos!

4. Mollath erklärt seine Absicht, weiter Protestbriefe an die HypoVereinsbank (HVB) zu senden, um sich über die in der Zwischenzeit bewiesenen Schwarzgeldgeschäfte zu äußern. Das setzt er auch um. Anfang 2002 und 2003 schreibt er mehrere Protestbriefe an die HVB. Die HypoVereinsbank legt am 17. März 2003 ihren Prüfbericht vor, der durch ihre internen Revisoren erstellt wurde. Eine zentrale Aussage des Prüfberichtes lautet wie folgt: „Alle nachprüfbaren Behauptungen Mollaths haben sich als zutreffend herausgestellt." Die angebliche „Wahnvorstellung" von Gustl Mollath hat sich als real existierende, gewerbsmäßige Steuerhinterziehung entpuppt!

5. Im Mai 2003 erfolgt die Anklage wegen Körperverletzung. Im September wird vor dem Amtsgericht Nürnberg verhandelt. Mollath schreibt an die Nürnberger Justiz und erklärt, dass er möglicherweise wegen der Schwarzgeldaffäre mundtot gemacht werden soll. Ein Freund des Paares verstärkt diesen Verdacht Jahre später in einer eidesstattlichen Versicherung und zitiert Mollaths Frau: „Wenn Gustl meine Bank und mich anzeigt, mach ich ihn fertig." Erst im November 2011 meldet sich dieser Bekannte zu Wort, er hatte sich wegen der Streitigkeiten des Paares distanziert und hatte keine Kenntnis von dem Prozess. Er informiert mit einem Brief die Staatsanwaltschaft Nürnberg und zeitgleich die Justizministerin Beate Merk.

6. Am 25. September 2003 händigt Mollath dem Amtsgericht Nürnberg eine Art Tagebuch aus. Der Inhalt ist eine Art Dokumentation seines Lebens mit der Überschrift: „Was mich prägte!" Eine chronologische Aufstellung ab seiner Geburt über den Krebstod seines Vaters, das Massaker von My Lai, die Ermordung Martin Luther Kings, die

Mondlandung, den Putsch von Idi Amin, die Demonstration von 200 Sioux-Indianern bis hin zum Ende seiner Ehe. Alles zusammengenommen wirkt das schon etwas wirr und querulatorisch, doch spätestens, als er dieser Aufstellung von ihm geschriebene Flugblätter, Briefe an Banken und seine Ehefrau beilegt, ergibt das Ganze einen Sinn. Später macht er mehrere Anzeigen, die zwischen zwei und sechs Seiten lang sind und sich mehr auf die Schwarzgeldaffäre beziehen als auf seine Verteidigungsschriften in eigener Sache. Mollath beschränkt sich in diesen Strafanzeigen auf Personen und Daten. Diese Anzeigen lösen keine Ermittlungen aus. Die enthaltenen Vorwürfe werden nicht überprüft. Die zuständige Staatsanwaltschaft entscheidet: „Kein Anfangsverdacht, also auch keine Ermittlungen", was Juristen gemeinhin unter „Strafvereitelung im Amt" subsumieren!

7. Im September 2004 ergeht der richterliche Beschluss, Mollath für höchstens fünf Wochen in die Psychiatrie einzuweisen, um ein Gutachten erstellen zu können. Danach wird er entlassen. Im Januar 2005 soll Mollath Reifen von Personen zerstochen haben, die mit seinem Fall beschäftigt waren. Die Ermittlungsakten lassen das vermuten, Beweise gibt es dafür nicht, ebenso wenig Zeugen. Allerdings resultiert aus diesen Akten, dass die Ermittlungen gegen Gustl Mollath mit ungewöhnlichem Eifer geführt worden sind und entlastende Hinweise gar nicht oder kaum berücksichtigt wurden. Das lässt auf eine gezielte Kampagne der ansonsten als faul bekannten Bürokratie schließen.

8. Im August 2006 ergeht vom Landgericht Nürnberg folgendes Urteil: Gustl Mollath wird von dem Vorwurf der Körperverletzung und Sachbeschädigung mangels

Schuldfähigkeit freigesprochen. Zur Urteilsbegründung zieht das Gericht ein Gutachten eines Sachverständigen heran, der Gustl Mollath paranoide Wahnvorstellungen und einen „Schwarzgeldkomplex" attestiert. Der Gutachter hatte Gustl Mollath dieses Attest ohne persönliche Untersuchung ausgestellt, denn Mollath lehnte diese ab. Mollath landet in der Psychiatrie.

9. Durch den Chefarzt der forensischen Abteilung im Bezirkskrankenhaus Bayreuth, der Mollath ohne Untersuchung 2005 ein paranoides Gedankensystem bescheinigt hatte, gibt es nun also zwei externe Gutachter, die Mollath 2008 und 2011 für krank erklärten. Der Gutachter von 2008 hatte Mollath ebenfalls nicht untersucht, sondern aufgrund der Aktenlage entschieden. 2007 saß Mollath in der Hochsicherheitspsychiatrie in Straubing ein, dort befand in einem mehrstündigen Gespräch mit Mollath ein Gutachter, dass er geschäftsfähig und der beschriebene Wahn nicht zu erkennen sei.

10. Mollaths Einweisung wird jedes Jahr überpruft, wiederholt findet man in den Stellungnahmen der Psychiatrie an die zuständige Strafvollstreckungskammer die Feststellung, dass Mollath an den Schwarzgeldvorwürfen festhält. Zuletzt im Jahre 2011. Inzwischen stehen diesen Stellungnahmen vier andere Gutachten von Psychiatern, Ärzten und Psychologen gegenüber, die Mollaths Einweisung für nicht gerechtfertigt halten.

11. Im Jahre 2012 wurde durch einen Bericht der „Süddeutschen Zeitung" und des „Reports Mainz" der Inhalt des Revisionsberichtes der HypoVereinsbank veröffentlicht. Dort fanden sich die Vorwürfe Mollaths wieder. Die Bank hielt

den Bericht jahrelang unter Verschluss, obwohl sie wusste, dass es Hinweise auf Schwarzgeldgeschäfte, Beihilfe zur Steuerhinterziehung, Geldwäsche, illegalen Aktienhandel und viele andere Kapitaldelikte gab. Es war ein Netzwerk der HVB, das jahrelang diese kriminellen Geschäfte betrieben hatte. Durch diese Berichterstattung kamen nun die vorangegangenen Geschehnisse ans Licht. Mit den Akten befasste Steuerfahnder begründeten sehr wohl den hinreichenden Tatverdacht für ein strafrechtliches Ermittlungsverfahren, wurden aber von ihrer Aufsichtsbehörde unverständlicherweise zurückgepfiffen.

12. Der renommierte Strafverteidiger Dr. Gerhard Strate aus Hamburg, der Mollath seit Dezember 2012 vertritt, stellte eine Strafanzeige gegen den Amtsrichter von 2005 und gegen den Klinikchef und späteren Gutachter Klaus Leipziger. Ende Februar entschied die Staatsanwaltschaft Augsburg, keine Ermittlungen gegen die beiden Männer einzuleiten. Es lägen dafür keine zureichenden Anhaltspunkte vor.

13. Im Februar 2013 ließ dann die HVB auf eine Anfrage der „Süddeutschen Zeitung" hin verlauten, dass der Revisionsbericht ein „internes Dokument" sei und deshalb vertraulich behandelt werden müsste. Dieser „vertraulich-interne" Bericht jedoch hielt Mollath gegen seinen Willen seit Jahren in einer Psychiatrie fest. Außerdem behauptete die HVB, dass der Revisionsbericht in keinem Zusammenhang mit der Anklage im Fall Mollath stehe, was vorsätzlich wahrheitswidrig ist!

14. Der zuständige Generalstaatsanwalt Hasso Nerlich behauptete vor dem Ausschuss des bayerischen Landtages,

der Revisionsbericht der HypoVereinsbank habe keine Belege für steuerstrafrechtliche Verstöße geliefert, was den Straftatbestand einer uneidlichen Falschaussage vor einem Organ des Parlamentes darstellt. Die Opposition unterstellte ihm Befangenheit, scheiterte aber mit einem Dringlichkeitsantrag. Logisch! Wann ist in Deutschland jemals einem Befangenheitsantrag stattgegeben worden? Es zeigt sich erneut ein schweres Demokratiedefizit, wenn Untersuchungsausschüsse der Parlamente nicht mit den Instrumenten der Strafprozessordnung ausgestattet sind.

Der Verteidiger von Gustl Mollath, Dr. Gerhard Strate, sagte in einem Interview mit SWR1 am 26. Juli 2013, auf die Frage, wann und wie er denn von der Ablehnung des Wiederaufnahmeverfahrens des Landgerichtes Regensburg erfahren hätte: „Ich habe natürlich geahnt, dass am Mittwoch eine Entscheidung kommt. Was aber ungewöhnlich war, war, dass die Journalisten schon vor dem Anwalt, vor dem Verteidiger informiert worden waren. Das ist schon eine Stillosigkeit sondergleichen. Das Landgericht Regensburg ging mit seiner Pressemitteilung, wie auch mit der gesamten Entscheidung, 115 Seiten stark, schon um 11:00 Uhr ins Netz. Wir als Anwälte haben das erst um 12:00 Uhr per Fax vollständig erhalten."

Auf die Frage, ob er irgendwelche wahnhaften Züge an Mollath erkannt hätte, antwortete Strate: „Der Mann redet gestanzt. Wenn er einen Satz beendet, weiß er auch, wie er ihn begonnen hat, er ist absolut konzentriert, das ist bemerkenswert. Es könnte sich manch ein Politiker oder eine in der Öffentlichkeit stehende Person ein Scheibchen abschneiden. Er zeigt ein hohes Maß an Disziplin. Dass natürlich seine Kritiker die Entscheidung, mit der er in diese Unterbringung gebracht worden ist, verteidigen, ist klar. Sie sagen, er hätte ‚lucida intervalla‘, also ‚lichte Momente‘. Er könne dadurch ohne Unterbrechung zwei Stunden lang einen lichten Moment haben, ansonsten, wenn er in die Klinik zurückgebracht würde, wäre er dann wieder verrückt!“ Was für ein forensischer Blödsinn!

Was bleibt? Ein rechtspolitischer Skandal, wie er in Deutschland nicht selten ist. Die Bemühungen, die Justiz in der Revolution im Jahre 1848 zu reformieren, sind in den Wirren der gescheiterten Bürgerbewegung stecken geblieben. Und so hat diese Feudaljustiz Bismarck, Kaiser Wilhelm II., die Weimarer Republik, das Dritte Reich und die Bundesrepublik weitgehend unbeschadet und unverändert überstanden. „Deutschland und Österreich sind die einzigen Länder der Europäischen Union, die keine weisungsunabhänge, eigenständige Justiz haben. Es existieren keine Selbstverwaltung der Justiz, kein Dienst- und Beförderungsrecht der Justiz und keine eigene Dienstaufsicht der Justiz“, klagt der bekannte Ordinarius für Kriminalistik und Strafrecht an der Frankfurter Universität, Prof. Dr. Alexis Albrecht!

Und die Politiker fürchten zu Recht eine weisungsunabhängige Justiz! Womöglich könnte ja ein Staatsanwalt einmal auf die Idee kommen, gegen seinen EIGENEN Dienstherrn zu ermitteln? Italien und Frankreich sind so korrupt wie Deutschland, doch deren Justiz ist unabhängig und furchtlos! Ohne Ansehen der Person, bis hinauf zu den Staatspräsidenten, Ministern, Richtern und Staatsanwälten werden Amtsträger angeklagt und teilweise sogar zu Haftstrafen verurteilt! Deutschland aber ist kein Rechtsstaat und erfüllt nicht einmal die Mindestanforderungen der Standards des Europäischen Gerichtshofes. Nur dort kann Gustl Mollath Recht erwarten! Und das kann dauern!

DER WAHNSINN MIT DER PSYCHIATRIE

30 n. Chr. war Cicero der Überzeugung, dass man Geisteskrankheiten mit Philosophie heilen könne, der griechische Arzt Aretaios (80 n. Chr.) glaubte an die Gesamtheit der Faktoren, die den Menschen zum Wahnsinn trieben. Behandlungsmethoden reichten im Altertum von Diäten, Massagen, Schröpfen über das Lesen kritischer Texte. Man versuchte den Patienten mit Reisen, Theaterspielen oder mit Lesen von Büchern zu aktivieren und zu heilen. Spezialanstalten für Geisteskranke wurden erst im 12. Jahrhundert errichtet. Die bekanntesten sind in Damaskus, Kairo und Granada verzeichnet. Man berichtet von guter Pflege und Fürsorge für den Patienten.

Das Frankfurter „Stocke" oder die Lübecker Dorenkisten oder das berüchtigte Bethlehem Hospital in London waren reine Verwahrungshäuser. Schwierige Patienten steckte man in die Stadttore oder in Holzkisten. Mit der Macht der Kirche änderte sich im Mittelalter die Lage dramatisch, Geisteskrankheiten deklarierte man als Teufelswerk und so erlagen viele Menschen der Folter oder wurden bei lebendigem Leibe verbrannt. Später eröffnete man in Paris das „Hôpital général", in England die „Workhouses" und in Deutschland die „Zuchthäuser". In der Zeit der europäisch-nordamerikanischen Aufklärung wurden die Patienten angekettet und die Wärter zwangen sie zur körperlichen Arbeit. Psychisch ließ man die Menschen verkommen, denn Ärzte gab es in diesen Einrichtungen nicht. Die Psychiker diagnostizierten Geisteskrankheiten als körperlose Seelen. Das ist weiter nicht verwunderlich, denn sie hatten ihre Lehren aus der Theologie oder der Background kam aus einem dementsprechenden

Elternhaus. Mit brutalen Mitteln versuchte man die Seele zu „reinigen". Elektroschocks, Sturzbäder, Brechmittel und Drehstühle waren an der Tagesordnung. Doch besann man sich im 19. Jahrhundert auch auf die Humanisierung der Behandlungsmethoden psychisch Kranker. Moderne Kliniken entstanden und die Non-restraint-Bewegung setzte sich unter anderem dafür ein, dass Patienten nicht mehr mit der Zwangsjacke fixiert wurden. Mit dem Nationalsozialismus wurden psychisch Kranke und erblich Belastete im Sinne der rassenhygienischen Vorstellungen der Eugenik zwangssterilisiert. Während des Zweiten Weltkrieges wurden mit der „Aktion T4" schätzungsweise 100.000 psychisch Erkrankte ermordet, darunter auch Kinder.

Bis 1970 wurde diese Thematik nebensächlich behandelt. Der Deutsche Ärztetag beschäftigte sich zu dieser Zeit im Auftrag des Bundestages mit der psychiatrischen Versorgung der Patienten in der Bundesrepublik. Der Bericht, auch die Psychiatrie-Enquête genannt, wurde im Herbst 1975 mit 430 Seiten von 200 sachkundigen Mitarbeitern fertiggestellt. 1973 legte diese Kommission auftragsgemäß einen Zwischenbericht vor. Dieser Bericht zeigte die haltlosen Zustände auf, unter denen die Patienten zu leiden hatten. Die Kommission bezeichnete die elenden Umstände als menschenunwürdig. Die Sachverständigen forderten sofortige Maßnahmen zur Befriedigung humaner Grundbedürfnisse. Darüber hinaus vertrat die Kommission die Auffassung, dass die psychiatrische Krankenversorgung grundsätzlich ein Teil der allgemeinen Medizin sei und dementsprechend das System der psychiatrischen Versorgung in das bestehende System der allgemeinen Gesundheitsvorsorge und -fürsorge integriert werden müsse. „Dem seelisch Kranken muss prinzipiell auf dem gleichen Wege wie dem körperlich Kranken optimale Hilfe unter Anwendung aller Möglichkeiten gemäß dem ärztlichen, psychologischen und sozialen Wissen gewährleistet werden."

Noch nie war das Thema Psychiatrie so aktuell wie heute. Seit der Medienpräsenz von Gustl Mollath stellt sich die Frage:

Wer ist der Arbeitgeber der Psychiatrie und wer hat das größte Interesse daran, diese Menschen zum Schweigen zu bringen?

Mit der Ratifizierung der UN-Behindertenrechtskonvention durch die BRD ist der psychiatrische Zwang seit dem 1. Januar 2009 verboten. In Deutschland werden jedoch Jahr für Jahr Menschen zwangseingewiesen. Jedes Jahr werden rund 200.000 Menschen gegen ihren Willen in der Psychiatrie verwahrt. Nach Angaben der Bundes- und Landesjustizministerien hat sich die Anzahl in den vergangenen Jahren verdoppelt. In Deutschland kann man sich nur mit einer speziellen Patientenverfügung gegen die psychiatrischen Zwangsmaßnahmen absichern und sich damit vor Gericht zur Wehr setzen. Alle anderen sind machtlos diesen Maßnahmen ausgeliefert. Denn eine psychiatrische Diagnose hat oft auch eine Entmündigung (Betreuung) zur Folge. 2011 hat das Bundesverfassungsgericht die gesetzliche Grundlage der Zwangsbehandlung im baden-württembergischen „Gesetz über die Unterbringung psychisch Kranker" für verfassungswidrig erklärt.

Der Vatikan nimmt mit der Aussage von Papst Benedikt XVI. im Juni 2010 vor 15.000 Priestern vor dem Petersdom wie folgt Stellung: „Ein Hirte braucht den Prügelstock gegen wilde Tiere, gegen Räuber, die nach Beute suchen. Auch die Kirche muss den Prügelstock einsetzen, erst dann werden die Menschen hinter dem Herren gehen." Papst Benedikt stellte fast zeitgleich 3.000 neue Exorzisten ein. Erzbischof Zollitsch äußerte sich in einem Interview mit Sabine Kronzucker auf die Frage, warum mehr Frauen als Männer vom Teufel besessen wären, wie folgt: „Weil der Teufel immer den Weg über das Weib zum Manne sucht!"

Cui bono?

Betrachtet man die Umsatzzahlen der Pharmaindustrie im Bereich Psychopharmaka, so haben diese von 2000 bis 2009 eine Steigerung von 153 % erfahren. Die Deutsche Gesellschaft für Psychiatrie und Nervenheilkunde (DGPPN) mit mehr als 5.500 Mitgliedern pflegt enge Kontakte zur Pharmalobby. Peter Falkai, 51, begann schon als junger Assistent Honorare aus der Industrie anzunehmen. 2010 war Falkai Firmen wie AstraZeneca, Bristol-Myers Squibb, Eli Lilly, Janssen-Ciag, Lundbech und Pfizer zu Diensten. Zur gleichen Zeit war er Universitätsprofessor und Direktor der Klinik für Psychiatrie und Psychotherapie in Göttingen. Von 2011 bis 2012 Präsident der DGPPN! Heute ist er Direktor der Klinik für Psychiatrie und Psychotherapie, Ludwig-Maximilians-Universität München. Genau diese Gesellschaft mit diesem Vorsitz von Herr Prof. Dr. Falkai behauptete auf ihrem 10. Hauptsymposium 2011, dass inzwischen 42,6 % der deutschen Bevölkerung „behandlungsbedürftig" seien. Seit Jahren beschäftige sich die psychiatrische Genetik mit dem Thema „Vorbeugung von psychischen Krankheiten im Alter von der Empfängnis bis zum 3. Lebensjahr". Falkai ging weiter, er forderte, dass die Zwangsmedikamentierung legalisiert werden sollte.

Kein Wunder also, dass der Bundestag trotz der aussagekräftigen Psychiatrie-Enquête seit 1975 kaum oder gar nichts verändert hat. Der Wirtschaftszweig Psychopharmaka bestreitet einen erheblichen Teil der Gewinnspanne der Pharmalobby.

Mit dem § 63 StGB gibt es keinen weiteren Bereich in der Justiz, der derart vernachlässigt wurde und mehr als im Dunkeln liegt. Vor langen Jahren konnten die Verteidiger noch selbst das Begutachten ihrer Mandanten beantragen. Dieser Antrag galt als Verteidigungsmittel. Heute wird die mögliche Andeutung der Einschränkung der Schuldfähigkeit sofort mit dem Paragraphen 63 beantwortet, nach dem Motto: „Du wirst schon sehen, was du davon hast, wenn du dich nicht verantwortlich zeigst."

Die Zahl der Unterbringungen nach § 63 StGB ist erschreckend. Tendenz steigend. Bis 1995 waren bundesweit circa 3.000 Menschen verwahrt. 2006 waren es schon doppelt so viele. NEDOPIL schätzt, dass bei nicht weniger als 60 % die Prognosen nicht richtig sind. LEYGRAF fand in einer repräsentativen Untersuchung heraus, dass bei fast 30 % sich die Eingangsdiagnose als falsch erwiesen hatte. STECK-BROMME untersuchte 45 aufeinanderfolgende Verfahren nach § 67 e StGB und ist zu einem ähnlich erschreckenden Ergebnis gelangt:

- In so gut wie allen Fällen (42 von 45) wollten die Anstalten ihre Patienten behalten.

- Bei 31 Gutachten von anstaltsfremden Sachverständigen dagegen empfahlen 19 die Fortdauer der Unterbringung und immerhin 12 die Entlassung, die dann auch erfolgte.

- In nicht weniger als 11 von 45 Fällen, also fast einem Viertel, lag eine Fehleinweisung vor. Teilweise saßen Mandanten viele Jahre zu Unrecht in der Psychiatrie.

§ 63 StGB, ein Paragraph mit ungeheuerlichen Konsequenzen, mit einem Riesenaufwand und mit enormen Kosten, war als extreme Ausnahmevorschrift gedacht und so wurde er auch lange Zeit behandelt. Doch in den letzten Jahren sind die Unterbringungen explosiv angestiegen und man hielt es nicht für notwendig, auch nur ein Komma zu ändern.

Sieben Jahre hielt man Gustl Mollath gegen seinen Willen in psychiatrischen Anstalten fest. Sieben Jahre hat man ihn zwangsisoliert, weil der Mann in ein korrumpiertes politisches Wespennest gestochen hatte, ohne zu dem damaligen Zeitpunkt zu ahnen, welchen Machenschaften er tatsächlich auf der Spur war. Gustl Mollath war zu keinem Zeitpunkt psychisch behandlungsbedürftig! Durch die herausragende Arbeit und den unermüdlichen Einsatz von ehrenamtlichen Mitarbeitern und seinem außerordentlichen Anwalt Dr. Strate gelang es Mollath, sich aus der Isolierungshaft nach sieben Jahren zu befreien.

SCHANDE! DIE DEUTSCHE JUSTIZ!

Die deutsche Justiz hätte sich vielleicht anders entwickelt, wenn sich die liberalen und demokratischen Ideen aus der ersten Hälfte des 19. Jahrhunderts besser durchgesetzt hätten und nicht mit dem Scheitern der Revolution von 1848 begraben worden wären. Damals versuchte man, dem demokratischen Gedanken auch im Recht zum Durchbruch zu verhelfen. Man verlangte die Herstellung der Öffentlichkeit! Das Programm der Liberalen beschrieb 1821 Anselm Feuerbach in seinem Buch „Über die Öffentlichkeit und Mündlichkeit der Gerechtigkeitspflege". Wenig ist davon erhalten geblieben, lediglich im § 169 des Gerichtsverfassungsgesetzes steht lapidar zu lesen: „Die Verhandlung vor dem erkennenden Gericht einschließlich der Verkündung der Urteile und Beschlüsse ist öffentlich."

Aber die Juristen haben das nie richtig akzeptiert. Mit der Macht ist der Mensch gerne alleine. Juristen haben bis heute ein gestörtes Verhältnis zur Öffentlichkeit. Gerne ist man bereit, sie auszuschließen. Rundfunk-, Film- und Fernsehaufnahmen sind in Gerichtsverhandlungen seit 1964 verboten, nachdem einige Politiker in einem Gerichtsverfahren in wenig günstigem Licht fotografiert wurden. Öffentlichkeit sei gefährlich, sagen Juristen. Andere, aufgeklärte Juristen betonen den hohen Verfassungsrang der Gerichtsöffentlichkeit. Für die große Mehrheit der Juristen ist aber die Öffentlichkeit nur überflüssig und lästig.

Besonders bei einem Verfahren gegen mutmaßliche Neonazis, denen vor dem Oberlandesgericht München wegen mehrfachen Mordes, schwerer Brandstiftung und Bildung einer terroristischen Vereinigung der Prozess gemacht wird, bei dem möglicherweise unrühmliche Pannen, Schlampereien, Sicherheitslecks,

Komplizenschaft der staatlichen Organe, Vertuschung, Verharmlosung und fehlende Konsequenzen aus diesem Versagen der staatlichen Organe zur Sprache kommen könnten. Die Opfer sind Türken, die zuerst von den Ermittlungsbehörden zu Tätern gemacht und schändlich behandelt wurden. Das ist peinlich. Nun soll die Verhandlung möglichst im kleinen Kreise unter Anwesenheit der gehorsamen einheimischen Medien ablaufen. Türkische Journalisten finden keinen Platz im Saal.

Wir erinnern uns alle, welcher Aufwand betrieben wurde, um die Mitglieder der RAF öffentlichkeitswirksam vorzuführen und zu verurteilen. Turnhallen wurden angemietet oder gar gebaut und zu Hochsicherheitstrakten umgebaut. Keine Kosten und Mühen wurden gescheut, um dieser „linken Verbrecher“ Herr zu werden. Heerscharen von ausländischen Journalisten sollte suggeriert werden, wie der neue deutsche „Rechts“-Staat funktioniert, wenn es um „linken“ Terrorismus geht. In München ist das anders. Die Justiz war, ist und bleibt rechts, ist auf dem rechten Auge blind und scheut die Öffentlichkeit. Schlimmer: Die Justiz beweist mit dieser jämmerlichen Vorstellung, dass sie mit der Niederschlagung der Revolution im Jahre 1848 das geblieben ist, was sie immer war: ein weisungsgebundenes Herrschaftsinstrument der Politiker!

Im Kaiserreich hatten wir eine Klassenjustiz, in der Weimarer Republik eine diese zutiefst verachtende Justiz, im Dritten Reich eine Verbrecherjustiz, in der Nachkriegszeit eine Wendehalsjustiz, die sich nicht schämte, ihre Roben und Fahnen zu wechseln, um wieder „Recht“ zu sprechen. Diese furchtbaren Juristen haben noch Generationen von Rechtsreferendaren mit ihrem Ungeist verdorben. Noch immer wabert der Gestank von deutschnationalem Gedankengut durch die Flure der Gerichte: „Der Feind steht links.“ Anders können viele dieser verbohrten, obrigkeitshörigen und weisungsgebundenen Juristen gar nicht denken. Sie haben noch nie gelernt, dass die Justiz eine eigene tragende Säule in einem Rechtsstaat sein muss, um überhaupt die Mindestanforderungen an eine Demokratie zu erfüllen. Sie kennen keinen eigenen Richterdisziplinarhof, keine Selbstverwaltung, keine eigene Beurteilungspraxis, keine eigene Besoldungspraxis. Alles hängt am vorgesetzten Generalstaatsanwalt und am Justizminister, die politische Mandatsträger sind und jederzeit abgelöst werden können, wenn sie nicht im Interesse des Staats funktionieren!

Das aber ist keine gute Justiz, das ist keine schlechte Justiz, das ist überhaupt keine Justiz! Man könnte sich diese Verhandlung sparen und den Angeklagten die voraussichtlich milden Urteile auch per E-Mail zustellen. Denn was nicht sein darf, das nicht sein kann. Es darf in Deutschland eben keinen mordenden und marodierenden Nazisumpf geben. Verirrte Jungs und Mädels werden eher als ungezogene Dummköpfe behandelt, die mal daneben gelangt haben. Der erzieherische Gedanke müsse in den Vordergrund gestellt werden, so hören wir es aus allen Knopflöchern dieser weisungsgebundenen Richterbeamten und der peinlich berührten Politiker!

Deutschland hat sich unsterblich blamiert!

IM NAMEN DES VOLKES?

Morgen, am 6. Mai 2013, beginnen die sogenannten NSU-Prozesse vor dem Strafsenat des Oberlandesgerichtes München. Zogen Neonazis mit Wissen, Duldung oder gar Unterstützung von Teilen deutscher Sicherheitsorgane mordend durch die Republik? Das ist die eigentliche spannende Frage in diesem Prozess. Der Untersuchungsausschuss im Deutschen Bundestag tat das, was er in solchen Fällen immer tut: Er tagte. Irgendwelche Konsequenzen aus dem Versagen der Behörden hat es natürlich nicht gegeben. Uns interessiert heute, wie die Justiz mit so einem Verfahren umgeht. Man kann heute schon, am Vorabend des Auftaktes des Prozesses, sagen, dass das Gericht alles getan hat, um jedes Ansehen in der Bevölkerung zu verspielen. Die deutsche Justiz hat der Weltöffentlichkeit gezeigt, wes Geistes Kind sie ist.

Eine Aufklärung über die uns alle bewegende Frage, inwieweit die Sicherheitsorgane der Republik in diese Morde verstrickt waren, wird es nicht geben. Dies hat der Vorsitzende Richter des Senates schon vor Eröffnung der Hauptverhandlung öffentlich erklärt: „Diese Fragen werden nicht Gegenstand des Verfahrens sein!" Die Arroganz, die Komplizenschaft mit dem Verfassungsschutz und die Obrigkeitshörigkeit der Richter werden nur noch übertroffen durch ihre Geschichtsvergessenheit. Sie haben vollkommen verdrängt oder in ihren rechtswissenschaftlichen Studien gar nie in sich aufgenommen, dass es eine Gerechtigkeit nicht geben kann, wenn die Öffentlichkeit aus den Verfahren ganz oder auch nur teilweise ausgeschlossen wird. Und genau dies ist geschehen trotz aller kleinkarierten verbeamteten Semantik bei der Vergabe der raren Plätze an die Medien. Die drei größten Tageszeitungen

FAZ, ZEIT und „Süddeutsche Zeitung" werden keine Plätze bekommen. Ausländische Medien mussten sich ihre Plätze beim Bundesverfassungsgericht einklagen. Die Absicht hinter diesem trostlosen Schauspiel springt den Beobachter geradezu an: Der Prozess ist dem Staat peinlich.

Wenn dem aber so ist, dann sollten die Politiker endlich schweigen, die die hehren Worte vom „freiheitlich-demokratischen Rechtsstaat" wie eine Monstranz vor sich her tragen. Deutschland ist nicht freiheitlich, denn es verweigert seinen Bürgern nach wie vor eine selbst bestimmte Verfassung nach Artikel 146 GG. Deutschland ist nicht demokratisch, denn es verweigert den Bürgern jede Mitbestimmung bei der Auswahl der Abgeordneten, der Wahl der Ministerpräsidenten, des Kanzlers und des Bundespräsidenten. Und Deutschland ist kein Rechtsstaat, denn es hat keine von der exekutiven Politik weisungsunabhängige Justiz. Auf deutschem Boden hat es noch nie eine unabhängige Justiz gegeben. Im Kaiserreich eine Klassenjustiz, in der Weimarer Republik eine diese zutiefst verachtende Justiz, im Dritten Reich eine verbrecherische Blutjustiz, nach dessen Zusammenbruch eine Wendehalsjustiz und heute eine ängstliche, weisungsbezogene Beamtenjustiz.

Am Beispiel „Öffentlichkeit" zeigt sich eine verheerende Rückwärtsentwicklung der deutschen Justiz:

§ 169 Gerichtsverfassungsgesetz

„Die Verhandlung vor dem erkennenden Gericht einschließlich der Verkündung der Urteile und Beschlüsse ist öffentlich."

Diese dürren Worte sind übrig geblieben von den Lehren Immanuel Kants, der die Justiz kritisiert hatte: „Ohne Öffentlichkeit kann es keine Gerechtigkeit geben." Vielleicht hätte sich die Justiz anders entwickelt, wenn sich die liberalen und demokratischen Ideen aus der ersten Hälfte des 19. Jahrhunderts besser durchgesetzt hätten und nicht mit dem Scheitern der Revolution im Jahre 1848 begraben worden wären. Damals forderte man Geschworenengerichte und man verlangte bürgerliche Öffentlichkeit gegen absolutistische Geheimhaltung. Das Programm der liberalen Bürgerbewegung beschrieb 1821 Anselm Feuerbach mit seinem rechtshistorischen Buch „Über die Öffentlichkeit und die Mündlichkeit der Gerechtigkeitspflege".

Aber Juristen aller Systeme haben das nie richtig akzeptiert. Es ist eben einfacher zu entscheiden, wenn man nicht kontrolliert wird. „Mit der Macht ist der Mensch so gerne alleine", schreibt der bekannte Professor ehem. Dr. iur. Uwe Wesel. Weiter schreibt er: „Auch Juristen von heute haben ein eher gestörtes Verhältnis zur Öffentlichkeit. Gerne ist man bereit, sie auszuschließen. Rundfunk-, Film- und Fernsehaufnahmen sind in Gerichtsverhandlungen seit 1964 (Auschwitzprozesse vor dem OLG Frankfurt, Anm. d. A.) verboten, nachdem einige Politiker in einem Gerichtsverfahren in wenig günstiger Weise fotografiert worden waren." Das ist also der wahre Grund, warum das Fernsehen ausgeschlossen wird, und nicht irgendwelche hehren hochtrabenden „Bedenken" der Bundesverfassungsrichter, die auch nur durch ein Proporzauswahlverfahren der Politiker zu ihren roten Roben gekommen sind. Öffentlichkeit sei gefährlich, sagen die Juristen. Frage: für wen? Für die Angeklagten? Für die Anwälte? Für die Staatsanwälte? Für die Richter? Oder gar für den Staat? Es gibt aber auch andere Stimmen. Sie betonen den hohen Verfassungsrang der

Gerichtsöffentlichkeit. Doch die große Karawane der Juristen zieht in die entgegengesetzte Richtung. Für sie ist die vom Gesetz geforderte Öffentlichkeit nur überflüssig und lästig. In der Abwehr der Öffentlichkeit, der Kontrolle und der Kritik ist ihr hohes Abstraktionsniveau und ihre verquere Terminologie ihre wirksamste Waffe.

Conclusio: Dieser Prozess vor dem OLG München, diese Richter, diese Staatsanwälte, diese Verfassungsrichter und diese Organe des Verfassungsschutzes haben sich erledigt, bevor der erste Gong verklungen ist. Da ist die in der Rechtsgeschichte einmalige Erlaubnis des Gerichtes, dass ein türkisches Fernsehteam eineinhalb Stunden im Gefängnis der Angeklagten filmen durfte, nur ein rührender und hilfloser Versuch der völlig überforderten Richter, der Öffentlichkeit doch noch beweisen zu wollen, dass sie unvoreingenommen seien. Sie sind es nicht!

BERUHIGUNGSPILLEN FÜR DIE EMPÖRTEN!

Mit stolz geschwellter Brust verkündeten die Obmänner des NSU-Untersuchungsausschusses im Deutschen Bundestag gestern zur besten Sendezeit eine Rarität in der Geschichte des deutschen Parlamentarismus. Die Abgeordneten des Untersuchungsausschusses haben sich parteiübergreifend auf ein Ergebnis und auf einen einstimmigen Abschlussbericht geeinigt. Es muss an dieser Stelle nicht noch einmal wiederholt werden, dass eine terroristische Bande rechtsreaktionärer Neonazis weit über zehn Jahre lang, von den Sicherheitsorganen weitgehend unbehelligt, durch Deutschland ziehen und zahlreiche Morde verüben konnte. Es bedarf auch keiner besonderen Erwähnung mehr, weil als bekannt vorausgesetzt, dass sämtliche 17 Landesämter für Verfassungsschutz, alle Polizeidienststellen der Länder und des Bundes, das Bundesamt für Verfassungsschutz, das Bundeskriminalamt, die Generalbundesanwaltschaft und sämtliche Aufsichtsbehörden in den Innenministerien der Länder und des Bundes entweder jämmerlich versagt haben oder einfach auf dem rechten Auge blind waren.

NEUJAHRSANSPRACHE IM AUGUST!

Liebe Deutsche und Deutschinnen, jedes Jahr lasst ihr eine salbungsvolle, von Heuchelei triefende, zutiefst verlogene, aber staatstragend politisch korrekte Rede wie einen alljährlich wiederkehrenden, chronischen Ausschlag geduldig über euch ergehen. Genau wie dieses ekelige Jucken und Nässen geht auch diese Rede vorüber, so denkt ihr und schaut mit ergebenem Schafsblick auf den TV-Schirm. Statt am Neujahrstag oder an Weihnachten kann man diese Ansprache auch an jedem beliebigen Tag im Jahr halten.

Egal, wen ihr auch wählen werdet, nichts wird sich ändern in Deutschland in den Jahren 2013, 2014, 2015, 2016 usw.! Warum? Weil ihr in eurer übergroßen Mehrheit ein Volk voller obrigkeitshöriger, phlegmatischer und undemokratischer Sofademokraten seid, die gar nicht wissen, was eine wahre Demokratie ist! Das ist gar kein Vorwurf. Ihr habt es einfach nie gelernt. Woher auch? Vom Kaiserreich seid ihr direkt in eine Republik gestoßen worden, die aus lauter Furcht nach Weimar geflohen ist. Danach haben Verbrecher diese Republik an sich gerissen und einen entsetzlichen Eroberungskrieg und Massenmord an Juden, Roma und vielen anderen Menschen begangen. Eure Väter und Großväter waren entweder Täter, Mittäter, Mitläufer, Mitwisser oder hatten nichts zu melden und haben sich irgendwie durchgemogelt. Nach dem Ende des Zweiten Weltkrieges haben eure Väter oder Großväter einfach die Fahnen umgehängt und sind zur Tagesordnung übergegangen. Die Alliierten bestellten die wenigen Deutschen, die anständig geblieben waren, auf eine Insel im Chiemsee ein und beauftragten sie, ein provisorisches Grundgesetz zu basteln, das aber am Tage der Wiedervereinigung gemäß Artikel

146 GG einer vom ganzen deutschen Volk selbst bestimmten
Verfassung weichen sollte.

Die Politiker, die Lobbyisten, die Finanzindustrie und die Medienzaren haben es sich in den Nieschen dieses provisorischen Grundgesetzes bequem gemacht und sitzen dieses „Staatsfragment" (Prof. Carlo Schmid) bräsig aus. Sie verteidigen dieses bis zur Unkenntlichkeit entstellte, einst gut gemeinte Provisorium mit Zähnen und Klauen und denken nicht einmal im Traum daran, dem Artikel 146 GG Folge zu leisten. Sie wissen sehr genau um die Feigheit und die Bequemlichkeit der Mehrheit der Deutschen. Niemand wird für eine demokratische, vom Volk in freier Wahl bestimmte Verfassung auf die Straße gehen! Dazu müsste man ja etwas riskieren oder gar einen Rasen betreten. Hier und da grummelt es im sozialen Netzwerk, doch den Computer abstellen, den vollgefressenen Hintern vom Sofa heben und für seine Rechte einstehen? Nein, das will niemand in Deutschland! Und so wird alles beim Alten bleiben im Jahre 2014 und in den folgenden!

In Deutschland wird die Schere zwischen Reich und Arm weiter auseinandergehen! Neun Millionen Arbeitsplätze werden weiterhin vom Steuerzahler subventioniert und nicht von den Unternehmern bezahlt. Die Reallöhne werden weiter sinken und die DAX-Unternehmen Bocksprünge machen. Weiterhin werden jährlich 70 Milliarden Euro für die unsinnigsten Subventionen verpulvert. Und natürlich wird wie jedes Jahr teilweise belustigt der Bericht des Bundesrechnungshofes zur Kenntnis genommen, wie wieder einmal folgenlos für die Verantwortlichen in den Behörden 60 Milliarden Steuergelder in den wiehernden Rachen des Amtsschimmels geworfen wurden. Selbstverständlich wird es auch im Jahre 2014 keinen Berliner Flughafen Willy Brandt geben, genauso wenig wie die Elbphilharmonie in Hamburg oder der Bahnhof in Stuttgart fertig werden. Und es ist klar, dass auf dem Nürburgring niemals ein Groß-Event stattfinden wird. Wer glaubt, dass die Leiden und das Elend der Hartz-Bezieher ein Ende haben werden, der wird vergeblich darauf warten. Wer hofft, dass sich die Zustände in den Pflegeheimen ändern, der hofft vergebens. Die Hoffnung stirbt zuletzt, aber sie stirbt! Die Zahl der Menschen, die von ihrem Lohn oder von ihrer Rente nicht mehr leben können, wird wachsen. Die heutigen Rentner werden die letzte einigermaßen glückliche Generation sein. Von nun an geht's bergab!

Auch wird Deutschland seinen unlauteren Wettbewerb mit den hochsubventionierten Exporten weiterführen und damit noch mehr andere Länder in den Ruin treiben. Denn überall wo Exportüberschüsse erwirtschaftet werden, entstehen ja logischerweise auch Importüberschüsse, also eine negative Zahlungsbilanz. Die wird finanziert durch internationale Banken. Geraten die gekeilten Länder in Schwierigkeiten, diktiert ihnen eine von niemandem demokratisch legitimierte Kamarilla aus europäischen Zentralbankern „Sparmaßnahmen". Nicht etwa bei den dortigen Banken! Nein! Bei der dortigen Bevölkerung. Sozialleistungen, Gehälter und Renten werden gekürzt, die Kaufkraft schwindet, die Volkswirtschaften werden ruiniert. Und wieder helfen die Banken. Nicht aus sozialer Verantwortung, sondern um noch mehr Geld zu verdienen. Denn die Kredite sind ja besichert. Durch wen? Durch den Staat! Wer ist der Staat? Die Bürger! Die Gewinne der Banken werden also privatisiert, deren Verluste sozialisiert. Kommen die Banken in Schwulitäten, zahlt auch der Staat, denn er ist durch seine maßlose Schuldenpolitik erpressbar geworden.

Der Staat wird nämlich auch im Jahre 2014 und schon gar nicht in den folgenden Jahren jemals einen ausgeglichenen Haushalt vorlegen oder gar seine horrende Staatsverschuldung zurückführen. Das geht gar nicht, weil man sonst von lieb gewordenen Pfründen Abschied nehmen müsste. Man müsste überflüssige Behörden, ganze Bundesländer, Ministerien, Parteistiftungen, übergroße Wahlkampfkosten abschaffen. Man müsste Regierungspräsidien, Oberfinanzdirektionen und tausende von unnötigen Gesetzen und Verordnungen ersatzlos streichen. Man müsste die Bundeshauptstadt Bonn schließen.

Man müsste das absurdeste Steuergesetz der Welt mit 70.000 Einzelvorschriften abschaffen, damit sich die Reichen nicht mehr arm rechnen können. Das alles wird es aber nicht geben.

Die Außenpolitik wird weiterhin eine unappetitliche Melange aus der Durchsetzung von Kapitalinteressen mit allen Mitteln, auch mit militärischer Gewalt, einer zur Staatsraison verklärten einseitigen Parteinahme für Israel, einem großspurigen, chauvinistischen und amateurhaften Auftreten in der Welt und einem dilettantischen Verständnis von geopolitischen Zusammenhängen bleiben. Deutschland wird sich weiterhin international lächerlich machen und wird immer mehr zum Feindbild vieler Menschen in der ganzen Welt. Und Deutschland wird nicht müde werden, weiterhin einer der größten Waffenexporteure der Welt zu sein und seine Soldaten in aller Herren Ländern in den sinnlosesten Konflikten zu verheizen.

Aufgeregt sind so einige der deutschen Bürger ob dieses sichtbaren Wahnsinns und sie hoffen auf die Wahlen. Leider verschweigt man ihnen, dass Wahlen in Deutschland aber gar nichts verändern, sonst wären sie nämlich längst verboten!

Die Wahlen sind ein pseudodemokratisches Mäntelchen, um die elementaren Demokratiedefizite zu kaschieren, die man durch eine Verfassung nicht beseitigen will. Der Deutsche hat nämlich nichts zu wählen: Er wählt nur wenige der bald 700 Bundestagsabgeordneten direkt, denn die meisten Abgeordneten sind durch ihre Parteien über Listenplätze abgesichert. Er wählt keinen Bundespräsidenten, keinen Bundeskanzler, keinen Bundesverfassungsrichter, keinen Ministerpräsidenten, keine Minister und auch sonst keine Entscheidungsträger wie die Präsidenten von Bundes- oder Länderbehörden. Der Deutsche hat bis heute nicht begriffen, dass das, was er für seine Demokratie hält, nicht einmal den Mindestanforderungen an einen demokratischen Rechtsstaat entspricht. Von einer Demokratie kann man aber nur dann sprechen, wenn das Volk sich selbst eine Verfassung gegeben hat, seine Entscheidungsträger durch Direktwahl wählt oder wieder abberufen kann und die Justiz eines Landes nicht mehr weisungsgebunden ist. Eine Gewaltenteilung zwischen Exekutive, Judikative und Legislative existiert aber nicht in Deutschland. Hinzu kommt, dass Deutschland auch kein säkularer oder gar laizistischer Staat ist. Den Rest besorgt eine ungesunde Medienkonzentration, die jedem Kartellrecht Hohn spricht! Und über diesem ganzen Schmierentheater steht die Überschrift: repräsentative Demokratie!

FOLGENLOSE VERSCHWENDUNG VON STEUERGELDERN!

Im Moment wird von der derzeitigen Opposition wieder eine neue Sau durchs Dorf getrieben: Das Bundesverteidigungsministerium soll 500 Millionen Euro versenkt haben und der zuständige Minister de Maizière soll alleine daran schuld sein. Abgesehen davon, dass diese dämliche Drohne noch von der SPD-/Grünen-geführten Bundesregierung bestellt wurde, ist der zuständige Bundesminister meist die allerletzte Person in einem Ministerium, der irgendetwas davon erfährt, was die Beamten in seinem Ministerium so alles treiben, solange der Tag lang ist. Insbesondere wenn man, von der Bevölkerung Deutschlands bis heute unwidersprochen, gleich zwei Bundesverteidigungsministerien betreibt. Eines in Berlin im Bendlerblock und einen weiteren Beamtenapparat in Bonn auf der Hardthöhe!

Seit Jahren bemängele ich diesen Missstand! Alle Bundesministerien gibt es doppelt: in Berlin und in Bonn. Sogar der Bundespräsident betreibt zwei Amtssitze: das Schloss Bellevue in Berlin und die Villa Hammerschmidt in Bonn. Abgesehen von der maßlosen Geldverschwendung muss es natürlich Reibungsverluste geben, wenn Beamte alleine zu Vorträgen oder Sitzungen ständig mit dem Flugzeug nach Berlin fliegen müssen. Und das in allen Ministerien. Es ist der komplette Wahnsinn und nur dem deutschen Beamtenbund geschuldet, der diesen Schildbürgerstreich durch seine starke Lobby bei den Politikern durchgesetzt hat. Die deutsche Bevölkerung liest das, hört das und mault, aber sie tut nichts. Es ist alles völlig sinnlos, was wir Journalisten tagtäglich schreiben, egal zu welchem Thema, der deutsche Michel hat ewig nur eine Ausrede parat: „Man kann ja sowieso nichts ändern!" An diesem Volk muss man verzweifeln!

Es ist auch völlig sinnlos, dem deutschen Sofademokraten vor Augen zu halten, dass andere Nationen ganz anders mit der Verschwendung von Steuergeldern umgehen. In den USA, sonst nicht eben ein Vorbild, ist dies ein Straftatbestand, der schwer bestraft wird. In Frankreich ist der Rechnungshof eines der höchsten Gerichte des Landes, das Beamte oder Politiker anklagen und verurteilen kann, wenn sie Steuergelder verschwenden. Sagt man so etwas dem deutschen Sofademokraten, dann kommt die stereotype Antwort: „Ja, die Scheiß-Amis! Und die Froschschenkelfresser sind ja auch korrupt!" Das sind alles Argumente aus dem muffigen deutschen Spießertum, leicht angereichert durch altdeutschen Chauvinismus! In meinem Entwurf einer Verfassung in dem Buch „Wehrt euch" habe ich die Verschwendung von Steuergeldern als Verbrechen eingestuft, das von einem Gericht (Rechnungshof) sanktioniert werden sollte. Der Bundesrechnungshof sollte also nicht nur vergangene Ausgaben prüfen, sondern auch die Haushalte auf ihre Verfassungskonformität und auf ihre Effizienz prüfen und testieren. Die Richter am Bundesrechnungshof sollten nicht durch die Politiker ernannt werden wie die Bundesrichter, sondern weisungsunabhängig sein.

Dies alles ständig zu fordern und das sinnlose Gemaule des deutschen Michels hören zu müssen, ohne dass sich je irgendetwas ändert in diesem Land, macht müde, gereizt und lethargisch! Man kann jahrelang schreiben und es beweisen, dass Deutschland kein Rechtsstaat ist, dass Deutschland schwere Demokratiedefizite hat, dass Deutschland keine vom Volk beschlossene Verfassung hat, es ist sinnlos. Im besten Fall erntet man zustimmendes, aber folgenloses Kopfnicken, im schlechtesten Fall Unverständnis. Jeder kritische Chronist steht am Ende seiner Laufbahn vor der Sinnlosigkeit seines Tuns und seiner Arbeit! Man kann an diesem deutschen Volk verzweifeln!

DER BUNDESPREDIGER

Wenn Deutschland ein wirklich völlig sinnloses Amt neben den vielen sinnlosen Ämtern und Behörden unterhält, dann ist es das Bundespräsidialamt. In Berlin hocken 163 Ministerialbeamte höchster Besoldungsstufen in einem Neubau hinter dem Schloss Bellevue und brüten den lieben langen Tag darüber, wie sie sich und den Bundespräsidenten irgendwie beschäftigen könnten. Denn zu melden hat der Bundespräsident überhaupt nichts in dieser Republik. Er fühlt sich als oberster Notar oder so was Vergleichbares. Alleine 23 Beamte machen sich Sorgen, wem sie einen Orden um den Hals hängen könnten. Dabei ist schon fast jeder Innungsobermeister dieser verstaubten Republik mit dem Blech dekoriert worden.

Ein Oberst oder Kapitän zur See der deutschen Bundeswehr lässt sich jeden Tag die goldbetresste Uniform samt Affenschaukel bügeln, damit er den Bundespräsidenten beim Abschreiten einer Ehrenkompanie begleiten kann. Um seine wenigen Aufgaben irgendwie etwas wichtiger zu machen, nennt er sich „Verbindungsoffizier". Zu was? Zur deutschen Bundeswehr etwa? Der Bundespräsident ist gar nicht Oberbefehlshaber der Streitkräfte.

Er ist Bundespräsident. Aus. Punkt. Basta. Mehr geht nicht. Weniger auch nicht. Jeder Malermeister hat mehr zu melden in dieser Republik.

Was treibt der Bundespräsident also dann den ganzen Tag? Er bearbeitet irgendwelche Akten, trifft sich mit in- und ausländischen Politikern, Vertretern von Verbänden und Vereinen und überlegt zusammen mit seinen Mitarbeitern, wie man den Tag rumbringen könnte. So kommt man auf die geniale Idee, irgendwelche Ausstellungen zu eröffnen. Natürlich macht sich ein Besuch bei einer sozialen Einrichtung ganz gut. Eine Rede an einer Universität oder bei irgendeinem Kongress könnte man auch mal wieder in das Programm aufnehmen. Wenn es langweilig wird, wird eine Reise in alle Teile der Republik veranstaltet. Dabei kann man einige Bürger begrüßen, damit man ein gutes Foto im Dialog mit dem gemeinen Volk präsentieren kann. Macht sich immer gut, denn merke, der Wahlspruch heißt: Solidarität! Was für eine Plattheit schallt uns da entgegen. Leere Worthülsen ohne jeden praktischen Nährwert. Heinrich Lübke war wenigstens noch komisch, doch Joachim Gauck ist ein gnadenloser Opportunist!

Um diesen ganzen Leerlauf in Gang zu halten, braucht der Präsident ein Amt. Ohne Amt ist man in Deutschland gar nichts. Die Leute müssen ja auch irgendwo sitzen. Der Bundespräsident hat ein Schloss. Ach was, natürlich hat ein deutscher Bundespräsident nicht nur ein Schloss, nein, er hat natürlich zwei. Das eine steht in Berlin, heißt Schloss Bellevue und liegt im Tiergarten. Bei den Nazis war es das „Reichsgästehaus". Gott sei Dank steht das Prinz-Albrecht-Palais nicht mehr. Wer weiß, auf welche Ideen die Bundesvermögensverwaltung sonst noch gekommen wäre. Dahinter wurde ein komfortabler Rundbau für die Beamten des Bundespräsidialamtes neu errichtet. Dort befindet sich das sogenannte Oval Office. Oder wie sich halt Klein Erna so etwas vorstellt. Außerdem hat der Bundespräsident noch einen Amtssitz in Bonn, man weiß ja nie, die Villa Hammerschmidt. Wozu eigentlich? Dazu kommen noch Villen und Gästehäuser in den feinsten Berliner Lagen.

Der Bundespräsident benötigt natürlich auch einen Flieger, den die Flugbereitschaft der Bundeswehr mit seiner „Konrad Adenauer", so ähnlich wie die Air Force One, stellt. Der musste kürzlich sogar für teures Geld umlackiert werden, weil der Präsident nicht immer mit der Aufschrift „Luftwaffe" herumkutschiert werden wollte. Jetzt zieren schwarz-rot-goldene Streifen und die Aufschrift „Bundesrepublik Deutschland" die Luftkutsche. Dazu gehören noch ein ganzer Satz gepanzerter Limousinen und natürlich Leibwächter. Das gehört zu den Statussymbolen dazu, ohne Leibwächter ist man ein Niemand in diesem unserem Lande. Das könnte man sich ebenfalls sparen, denn niemand in Deutschland nimmt den Mann so wichtig, dass er ihm etwas antun könnte.

Der Bundespräsident bezieht seine Daseinsberechtigung aus dem Grundgesetz. Aus gemachter Erfahrung haben die Väter des Grundgesetzes dem Bundespräsidenten zwar seine Spielzeuge gelassen, ihn aber ansonsten politisch kaltgestellt. Auf gut Deutsch: Er hat nichts zu melden, nichts zu befehlen, nichts zu sagen und sich in nichts einzumischen. Er ist nur der Grüßaugust der Republik. Er wird auch nicht mehr vom Volk gewählt, das hat uns schon einmal mächtig in die Sch… geritten, als die Deutschen des Kaisers Feldmarschall zum Reichspräsidenten wählten. Was für ein Desaster für die damals junge Republik: ein greiser und zeitweise schon seniler Reichspräsident, der diese seine Republik, der er vorstehen sollte, zutiefst verachtete. Das musste ja schiefgehen. So will man es in Deutschland weder dem so oft bemühten „mündigen" Bürger noch dem Zufall überlassen, wer zum Bundespräsidenten gewählt wird. Eigentlich entschieden wird das in den Parteigremien, das sieht aber in der Öffentlichkeit nicht so gut aus. Also stellt man ein Kuriosum zusammen, das sich Bundesversammlung nennen darf und den Willen der Parteibonzen zu vollstrecken hat. Von wegen Wahl! So blau, so blau!

Das ganze Amt ist für die Katz und verschwendet nur eine Unsumme von Steuergeldern. Also ist es ersatzlos abzuschaffen. Kann man sich darauf nicht einigen, sollte der jeweilige Bundesratspräsident die Aufgaben turnusmäßig mitübernehmen. Wir sollten nicht müde werden, endlich an einer wirklichen Verschlankung des Staatsapparates zu arbeiten, und sie immer und immer wieder von den Politikern einfordern. An allem soll gespart werden, nur der Staat selbst hat in den letzten zwölf Monaten nicht einen einzigen Vorschlag gemacht, wie er an sich selbst sparen will.

GAUCK FORDERT? – WIR FORDERN!

Wir fordern den Bundespräsidenten auf, gemäß Artikel 146 GG allgemeine Wahlen für die Mitglieder eines Verfassungskonventes auszuschreiben.

Wir fordern den Bundespräsidenten auf, die vom deutschen Volk gewählten Mitglieder des Verfassungskonventes damit zu beauftragen, innerhalb einer Frist von sechs Monaten eine Verfassung für Deutschland auszuarbeiten, diese jedem Bürger schriftlich zur Diskussion zu unterbreiten und dann eine Volksabstimmung über diese Verfassung anzuberaumen.

Wir fordern das Bundesverfassungsgericht auf, dieses Verfahren zu überwachen und bei Weigerung des Bundespräsidenten ihn seines Amtes zu entheben.

Wir fordern, nach der Annahme der Verfassung durch das deutsche Volk, die amtierende Regierung sowie sämtliche Minister, Staatssekretäre und Abgeordnete zum Rücktritt auf. Die Bundes- und Landesparlamente werden aufgelöst.

Wir fordern danach Neuwahlen der Bundes- und Landesparlamente an ein und demselben Tag. Zur Wahl sind nur Direktkandidaten zugelassen. Partei- und Landeslisten sind verboten.

Wir fordern die Direktwahl des deutschen Bundeskanzlers und des Bundespräsidenten.

Wir fordern jeden gewählten Abgeordneten, Minister, Bundeskanzler und Bundespräsidenten auf, alle Ereignisse seines Lebens, seine geschäftlichen Beziehungen, seine Mitgliedschaften in Parteien, Verbänden, Vereinen, seine Bezüge, Einkommens- und Vermögensverhältnisse dem Verfassungskonvent vorzulegen und zu beeiden.

Wir fordern, dass der Bundestag nur so viele Abgeordnete haben darf, wie es der Wahlbeteiligung entspricht. Die gewählten Abgeordneten bekommen eine Aufwandsentschädigung, für ihre Krankenversicherung und Altersversorgung kommen sie selbst auf.

Wir fordern das Mehrheitswahlrecht in zwei Durchgängen. Bei der Stichwahl zählt nur noch die einfache Mehrheit im Wahlkreis, um gewählt zu sein.

Wir fordern, dass kein bisheriger Abgeordneter sich mehr zur Wahl stellen darf. Die neuen gewählten Abgeordneten dürfen sich für nur eine weitere Legislaturperiode erneut einer Wiederwahl stellen.

Wir fordern die Bundesländer auf, sich auf acht Regionen zu begrenzen. Die aufgelösten Bundesländer verlieren ihre Landesregierungen, ihre Parlamente und sämtliche nachgeordneten Behörden.

Wir fordern, dass das Berufsbeamtentum abgeschafft wird.

Wir fordern eine Gewaltenteilung zwischen Judikative, Exekutive und Legislative. Die Judikative bekommt eine Selbstverwaltung, ist an keine Weisungen gebunden und wählt ihre Amtsträger selbst. Die Richter des Bundesverfassungsgerichtes, der Generalbundesanwalt, die Generalstaatsanwälte der Länder, die Präsidenten des Bundesrechnungshofes, des Bundeskriminalamtes, der Landes- und Bundesämter für Verfassungsschutz, des Bundeskartellamtes und des Bundesnachrichtendienstes sowie der Bundesdatenschutzbeauftragte werden in geheimer und direkter Wahl vom Volk gewählt. Sie sind an keine Weisungen gebunden und nur dem Gesetz verpflichtet.

Wir fordern einen Bundesdisziplinarhof für Vergehen von Amtsträgern.

Wir fordern eine eigene Disziplinargerichtsbarkeit der Judikative.

Wir fordern einen Strafsenat des Bundesverfassungsgerichtes, wo sich gewählte Politiker wegen eventueller Gesetzesbrüche oder persönlichen Fehlverhaltens zu verantworten haben.

Wir fordern das Bundesparlament auf, einen eigenen Untersuchungsausschuss zu wählen, dem sämtliche Rechte nach der Strafprozessordnung einschließlich der vollziehenden Gewalt eingeräumt werden.

Wir fordern die Finanzhoheit der Länder und Kommunen. Für den Bund wird eine einheitliche Bundessteuer erhoben, mit der der Bund seine Ausgaben zu bestreiten hat. Der Bundesrechnungshof prüft jährlich die Bundesausgaben und klagt Bundesbeamte vor dem Bundesdisziplinargericht wegen eventueller Geldverschwendung an.

Wir fordern die Abschaffung sämtlicher Subventionen.

Wir fordern ein einfaches und gerechtes Steuerrecht ohne Ausnahmetatbestände. Alle Menschen mit deutscher Nationalität, egal wo sie ihren Wohnsitz haben, sind in Deutschland mit ihrem Welteinkommen steuerpflichtig. (Lex Beckenbauer)

Wir fordern sparsamste Haushaltsführung. Alleiniger Regierungssitz ist Berlin. Das Amt des Parlamentarischen Staatssekretärs ist abgeschafft. Eine Fahrbereitschaft für Abgeordnete gibt es nicht.

Wir fordern einen flächendeckenden gesetzlichen Mindestlohn von zehn Euro netto nach Steuern für jeden Arbeiter oder Angestellten, der jährlich an die Inflationsrate angepasst wird.

Wir fordern die Abschaffung aller sogenannten Hartz-Gesetze!

Wir fordern eine ausgeglichene Außenhandelsbilanz zum Schutze unserer europäischen Nachbarn.

Wir fordern eine gesetzliche Bürgerversicherung für alle Arbeitnehmer, Selbstständigen und Amtsträger, deren Beiträge sich nach den Einkommen richten. Die Einnahmen fließen in eine gesetzliche Krankenversicherung und in die Rentenkassen.

Wir fordern die vollständige Abschaffung der Bundeswehr, mit Ausnahme eines leicht bewaffneten UN-Kontingentes, das nur zu friedenssichernden Maßnahmen im Rahmen einer UN-Mission eingesetzt werden darf, sowie ein totales Exportverbot für Waffen und Kriegsgerät jeglicher Art.

Wir fordern den sofortigen Abbruch aller Auslandseinsätze der Bundeswehr!

Wir fordern, dass die Bürger des Landes bei allen existenziellen Fragen der Daseinsvorsorge in einer Volksabstimmung befragt werden müssen.

Wir fordern das Recht, bei krassem Fehlverhalten eines Amtsträgers oder Politikers durch Volksentscheid seine Ablösung zu beschließen.

Wir fordern die Trennung von Kirche und Staat, die Laifizierung des Landes und die Kündigung des Konkordatsvertrages zwischen dem Deutschen Reich und dem Heiligen Stuhl (Acta Apostolicae Sedis 25; Reichsgesetzblatt 389 ff. von 1933, II, 679 ff.) und damit auch die Abschaffung der Kirchensteuer und die Enteignung sämtlichen Kircheneigentums.

Die Party ist aus! Gebt das Land dem Volk zurück!

STEUEROASEN? HEUCHELEI!

Wow! Was für eine journalistische Meisterleistung! Wahrlich, wahrlich, das ist pulitzerpreisverdächtig! Wer hätte das gedacht, dass die britischen Kanalinseln, die Antillen, die Bahamas, Curaçao, Panama, Singapur, Macao, Hongkong, die Schweiz sowieso, Monaco auch ein bisschen, Zypern auf jeden Fall und Beirut ganz sicher als Steueroasen für schmutziges Geld und für Steuervermeidungskonzepte missbraucht werden? Ja was denn sonst, um Himmels willen? Wie naiv ist eigentlich diese Welt, dass diese Meldung auch nur noch einen armen gichtgeplagten Hund hinter seinem Ofen hervorlocken könnte? Man kann nur noch den Kopf schütteln über so viel Naivität!

Dabei machen die der Steuer entzogenen, aber ehrlich erworbenen Gelder nur einen Bruchteil der Schmutzgelder aus. Ein großer Teil sind Blutgelder. Mafia, burmesisches Dreieck, gestohlenes Geld von Despoten, die auch noch bei Staatsbesuchen hofiert werden. Das sind die großen Vermögen, mit denen die Banken mit Offshorefilialen ihre Geschäfte betreiben. Die Gelder werden dort gewaschen und wieder reinvestiert. In Staatsanleihen, in Aktien, in Firmenübernahmen, in Hotelkonzerne. Jeder Manager, jeder Banker und jeder Finanzminister in der Welt weiß das. Umso größer ist heute die an den Tag gelegte Heuchelei. Wer wie in Deutschland die Jagd nach Geldwäschern vom Gesetzgeber an die Standesämter delegiert, kann unmöglich ernst genommen werden, wenn er sich heute moralisch über Steueroasen entrüstet. Er ist schlicht ein Heuchler und Lügner!

Jeder, der es wissen will, der weiß, dass heute bereits mehr als 50 % der größten internationalen Konzerne im Besitz von

Fluchtgeldern aus aller Herren Ländern sind, natürlich sauber verpackt in sogenannte Investmentfonds! Jeder, der es wissen will, weiß doch längst, wer die Anleihen der hoffnungslos überschuldeten Staaten kauft und somit das schmutzige Geld in blütenreine Bundesschatzbriefe eintauscht. Oder glaubt irgendjemand noch allen Ernstes, dass die Oma ihren Sparstrumpf öffnet, um die verlogenen Haushalte der Politiker zu finanzieren? Natürlich braucht die internationale Wirtschaft die Blutgelder der Despoten, die Schmutzgelder der Mafia, die Drogengelder aus dem burmesischen Dreieck, die gestohlenen Gelder der Entwicklungshilfe, um ihre legalen Geschäfte zu finanzieren.

Wenn es diese Steueroasen nicht mehr gäbe, fänden diese schmutzigen Gelder keine Waschmaschine mehr. Und dann? Ganze Staaten würden zusammenbrechen! Die Eurozone wäre bankrott, der US-Dollar ruiniert und die Finanzminister müssten Konkurs anmelden! Schließt die Steueroasen und es ist die Stunde der Wahrheit! Oder findet euch damit ab, dass die überbordenden Staatsschulden eben mit schmutzigem Geld finanziert werden. Das ist die Realität! Bitter, aber wahr!

DIE KOMPLIZEN DER DESPOTEN

Wer noch nicht die Bücher „Die Schweiz wäscht weißer" und „Die Schweiz, das Gold und die Toten" und ganz neu „Hass auf den Westen" des Altnationalrates Prof. Jean Ziegler gelesen hat, der sollte dies dringend nachholen. Die Schweiz hat nicht weniger und nicht mehr gemacht, als seine Existenz zu vernichten. So musste Jean Ziegler unter das Dach einer UN-Organisation flüchten, um dem völligen finanziellen Ruin zu entgehen. Die Banken haben ihn für seine Bücher schlicht an die Wand geklagt. Er ist heute ein hoher Sekretär der UN-Welthungerhilfe.

Für viele Wirtschaftshistoriker resultiert die heutige weltumspannende Finanzkraft der Banken aus diesem Kriegsgewinnlertum. Angefangen hat diese Raffgier der Banken, wie bereits erwähnt, in der Komplizenschaft mit Hitler. Daraus entstanden astronomische Gewinne. Diese antrainierte Raffgier haftet wie ein Ausschlag auf dem vermeintlich gesunden Volkskörper. Es ist dem Deutschen nicht bewusst und vollkommen egal, dass ein Großteil der Gelder der asiatischen Staatsfonds aus dem goldenen Viereck Birma, Thailand, Laos und Kambodscha kommt, das das drittgrößte Opiumaufkommen der Welt nach Afghanistan/Pakistan und Lateinamerika hat.

Das wohlgemeinte Geld der Entwicklungshilfe für die Ärmsten der afrikanischen Bevölkerung landet oft auf den Privatkonten der afrikanischen Diktatoren bei den Banken. Es macht zornig, wenn man täglich sieht, wie die italienische Mafia, insbesondere die kalabrische 'Ndrangheta, ihre durch Prostitution, Korruption und Rauschgifthandel erwirtschafteten Gelder wäscht und dann völlig legal an europäische

Banken überweist. Die berüchtigte Loge P2, die mit hochrangigen italienischen Politikern, Militärs und Generälen des Geheimdienstes SISMI besetzt ist, benutzt einen Teil dieser Gelder, um Stimmen, Einfluss und Macht zu kaufen. Und nun drängen auch noch Milliarden von schmutzigem russischen und kaukasischen Geld auf den internationalen Finanzmarkt.

Es gibt kaum genügend Anlagemöglichkeiten für die Renditeerwartungen dieser Schmutzinvestoren. Etwa 50 % der internationalen Unternehmen, hauptsächlich der Schlüsselindustrien, sind bereits im Besitz der von Banken in aller Welt gegründeten Fonds. Die Herkunft der Gelder ist nach so vielen Waschvorgängen nicht mehr zu entschlüsseln.

Doch das reicht nicht. Also suchen diese kunstvoll als Hedge-Fonds, Immobilienfonds und Treuhandfonds verpackten Drecksgelder ständig weitere Anlagemöglichkeiten. Gelder aus russischen Fonds, asiatischen Staatsfonds, der kalabrischen 'Ndrangheta und abgezweigte Gelder der UN-Welthungerhilfe für die von Hunger und Seuchen geplagten Länder Afrikas wurden von europäischen Banken zu einem Immobilienfonds zusammengeschnürt und bei einer Großbank als Sicherheit für einen Kredit hinterlegt.

Die Zinsen für die Kredite entsprechen genau den langfristigen Renditeerwartungen der Investoren. Es entstehen also keine Kosten, sondern nur Gewinne aus den Krediten. Dieser Kredit wird dann an die schweizerische Niederlassung eines Unternehmens ausbezahlt, für deren Sicherheit Fondsanteile bei einer Bank hinterlegt werden.

Das Unternehmen gründet mit dem Kredit einen Trust in Curaçao auf den niederländischen Antillen oder auf den britischen Kanalinseln, die sich als Offshoreplatz jeglicher Kontrolle durch den Internationalen Währungsfonds entziehen dürfen, solange sich die Staatsmänner dieser Welt nicht auf internationale Finanzmarktregeln einigen können.

Das wird nie so weit kommen, sonst verlieren sämtliche Offshoreplätze der Welt ihren Glanz und damit ihr Geld. Ganze Volkswirtschaften, wie zum Beispiel die von Großbritannien, den USA, den Niederlanden, Singapur und Malaysia, würden zusammenbrechen. Die Trusts werden oft von holländischen und englischen Rechtsanwälten verwaltet. Die beauftragen die Unternehmen, mit dem Geld zu investieren. Das Geld ist gewaschen und läuft mit riesigen Gewinnen wieder an die Investoren zurück.

Die ganze moralische Verkommenheit der europäischen Wirtschaft und von deren Politikern lässt sich am besten daran messen, mit wem sie ihre Geschäfte betreiben. Kein Despot ist zu schmutzig, kein Diktator zu verbrecherisch, keine Kleptokratie zu korrupt, als dass die westlichen Banken, die Wirtschaft und die Politiker nicht unter ständiger Betonung einer immerwährenden Freundschaft ihre Geschäfte mit ihnen betrieben.

Und deshalb ist das ganze verlogene Geschwätz von der Mahnung zur Einhaltung der Menschenrechte die pure Heuchelei! Wenn der deutsche Michel gerne glauben mag, dass nur Despoten und Kleptokraten sich an ihre Sessel und Macht klammern oder jahrelang eine Politik gegen den erklärten Willen ihres Volkes betreiben, so irrt er.

Die westlichen Demokratien, die die Menschenrechte wie eine Monstranz vor sich her tragen, stützen diese Despoten, weil sie hervorragende Geschäfte mit ihnen machen.

Laut einer Studie der OSCE und des IWF gehört in der Zwischenzeit etwa ein Drittel aller westlichen Unternehmen eben diesen Kleptokraten, die eine unappetitliche Melange mit den Geldern aus dem burmesischen Dreieck, mit der 'Ndrangheta, mit der Cosa Nostra und mit der sizilianischen Mafia eingehen.

Ohne die Blutgelder der Kleptokraten und Mafiosi könnten die bankrotten Staaten Europas einschließlich der USA ihre wertlosen Schatzbriefe und Anleihen gar nicht am Markt platzieren.

Die afghanische Oligarchie, die Warlords und die Drogenbarone legen ihre schmutzigen Gelder hier in den westlichen Demokratien an.

Eben diese Staatsverbrecher werden bei ihren Besuchen in den westlichen Demokratien mit militärischen Ehren und großem Pomp empfangen und gehätschelt. Es gibt nur noch wenige Despoten dieser Welt, die nicht schon das Wachbataillon der Bundeswehr vor der Waschmaschine in Berlin abgeschritten wären. Nicht wenige empfingen das Bundesverdienstkreuz!

Eben diese Staatsverbrecher werden von uns mit Waffen, Gütern aller Art und wenn es sein muss auch mit militärischer Hilfe gestützt.

Wenn man dann noch die lauwarmen Kommentare der westlichen Regierungen zu Ägypten, zu Libyen, Jemen und Syrien hört, dann werden die Zusammenhänge klar und deutlich! Man muss sich nur die Berichterstattung der Hofschranzen der deutschen Politik ansehen. Neulich wurde ein Brennpunkt in der ARD gesendet, der auf das Jämmerlichste getragen war von der Sorge um die derzeitigen Machthaber in Ägypten,

Syrien, Jordanien, Irak, Jemen und vor allen Dingen um die korrupten Despoten in den Öl exportierenden Ländern.

Die Menschenrechte, die Folter, die Verbrechen der Despoten, die schamlose Bereicherung am Elend der geknechteten Bevölkerung durch diese Politverbrecher fanden keinen Raum in der Berichterstattung. Klar, die Sorge gilt den Despoten.

Wir machen Geschäfte mit ihnen und waschen ihr Blutgeld. Nun fürchten wir um die Geschäftsbeziehung und machen uns Sorgen um unsere Geschäftspartner. Nicht auszudenken, wenn plötzlich eine rechtsstaatliche Bürgerrechtsbewegung an die Macht käme, die das gestohlene Geld zurückfordern, die Aktien der deutschen Unternehmen verkaufen und all das Blutgeld wieder in ihrer Heimat reinvestieren würde. Wer soll denn dann noch die Anleihen der bankrotten Demokratien des Westens zeichnen? Ergo machen sich nun auch so manche westlichen Politiker und so manche Medien Sorgen. So und nicht anders muss diese oft jämmerliche Berichterstattung in einigen dieser Medien gesehen werden.

Es kommt der Tag, da wird sich wenden

das Blatt für uns, er ist nicht fern.

Da werden wir, das Volk, beenden

den großen Krieg der großen Herrn.

Die Händler, mit all ihren Bütteln

und ihrem Kriegs- und Totentanz,

sie wird auf ewig von sich schütteln

die neue Welt des g'meinen Manns.

Es wird der Tag, doch wann er wird,

hängt ab von mein und deinem Tun.

Drum wer mit uns noch nicht marschiert,

der mach' sich auf die Socken nun!

(Bertolt Brecht)

SCHMUTZIGES GELD! 2013

Es ist noch nicht lange her, da hat die Schweizer Bundesanwaltschaft in Bern Haftbefehle gegen deutsche Steuerfahnder erlassen, weil sie sich nach eidgenössischem Recht nachrichtendienstlicher Ermittlungen und Wirtschaftsspionage schuldig gemacht haben. Die hohlen Proteste deutscher Finanzminister sind völlig fehl am Platze. Kein Land duldet es, und schon gar nicht ein Nicht-EU-Land, dass Polizisten oder Steuerfahnder auf seinem Territorium strafrechtliche Ermittlungen durchführen. Dies ist schlicht illegal und verstößt gegen jedes Völkerrecht. Da gibt es nichts zu diskutieren.

Man muss anderseits die Verzweiflung deutscher Behörden verstehen, wenn sie sich sogar zu internationalen Rechtsverletzungen hinreißen lassen, um an das ihnen vermeintlich zustehende Geld ihrer Bürger zu kommen. Die Deutschen erlauben sich den Luxus eines Föderalstaates, dessen Ursprünge noch auf die Kleinstaaterei vor 1871 zurückgehen. In 16 Bundesländern gibt es 16 Landesparlamente, 16 Regierungen, 16 verschiedene Bildungssysteme, 16 verschiedene Polizeien, Verfassungsschutzämter und Landeskriminalämter, die allesamt vorsintflutlich ausgestattet sind und nicht einmal miteinander kommunizieren können, weil es ein einheitliches Funksystem bis heute nicht gibt. Ermittlungspannen, Streitereien zwischen Landespolitikern und dann wieder mit Bundespolitikern sind an der Tagesordnung. Der Bund leistet sich zwei Hauptstädte, unnütze und überflüssige Ämter, die Milliarden verschlingen und ein jährliches Haushaltsdefizit von bis zu 50 Milliarden Euro verursachen. Selbst bei einem Konjunkturboom ist es dem Finanzminister nicht möglich, einen ausgeglichenen Haushalt zustande zu bringen, geschweige denn einen Cent aufzubringen, um die Staatsverschuldung von circa drei Billionen Euro abzubauen. Die Finanzminister haben es seit 1971 nicht mehr geschafft, mit dem Steuergeld der Bürger zu haushalten und auszukommen. Die deutsche Verwaltung lebt weit über ihre Verhältnisse. Dem deutschen Staat bleibt, da er zu grundlegenden und schmerzhaften Reformen nicht fähig ist, nur noch die Rolle des Räubers am Vermögen seiner Bürger. Es gibt fast keinen Lebensbereich der Deutschen, der nicht fiskalisiert ist. Ein Monstrum von Steuerrecht mit 70.000 Rechtsvorschriften und Verordnungen hat Deutschland zum Mekka von Fiskalabsurdistan gemacht. Die ganze Welt lacht über dieses neidische, kleingeistige Spießertum. Nicht umsonst verlassen jährlich 180.000 Deutsche für immer ihre Heimat und suchen sich eine neue Existenz in einem anderen Land.

Dabei gibt es in Deutschland viel Geld! Es ist nur falsch verteilt! Und die 10 % Unternehmer und Millionäre, die schon 60 % des gesamten Steueraufkommens zu tragen haben und dafür noch mit Neid, Hass und Rachsucht verfolgt werden, suchen sich Schlupflöcher über das marode Steuersystem hinaus. Das Geld ist ein scheues Reh! In Deutschland geht es dem ehrlich erwirtschafteten Geld nicht gut. Nur Gauner, Betrüger und Investmentbanker können sich des allgegenwärtigen Zugriffs des Staates durch ihre geballte Kapitalmacht erwehren, meist sind sie noch von den Politikern geschützt, die in ihren Aufsichtsräten sitzen. Also sucht sich das Geld Anlagemöglichkeiten außerhalb der Zugriffsmöglichkeiten des deutschen Fiskus.

Großbritannien bietet mit seinem Offshoresystem ein herrliches Plätzchen an der Sonne. Das Vereinigte Königreich erwirtschaftet mit seinem internationalen Finanzplatz London

30 % des Bruttoinlandproduktes. Deshalb ist es auch unmöglich, die englischen Politiker zu einer gemeinsamen Finanztransaktionssteuer zu bewegen. Sie werden einen Teufel tun und ihre Finanzindustrie verärgern. Zu Recht verlangen sie von Deutschland, die Kapitalflucht durch ein einfaches, transparentes und ehrliches Steuersystem und durch eine sparsamere Haushaltsführung zu stoppen.

Mit demselben Recht bezeichnen namhafte eidgenössische Politiker und Banker die deutschen Finanzminister als Räuber, Diebe und Hehler. Warum Hehler? Weil die deutschen Finanzministerien sogar so weit gehen, ihre eigene deutsche Rechtsprechung zu verletzen, indem sie gestohlene Bankdaten von schweizerischen Dieben für Millionen erwerben, auswerten und mit diesen fragwürdig erlangten Beweisen den deutschen Steuerhinterziehern strafrechtlich bis ins Essfach nachgehen. Die Verzweiflung der Finanzminister muss unendlich sein, wenn sie in ihrem Verfolgungswahn sogar billigend in Kauf nehmen, Straftaten gegen eigenes und internationales Recht zu begehen:

„Wer eine Sache, die ein anderer gestohlen oder sonst durch eine gegen fremdes Vermögen gerichtete rechtswidrige Tat erlangt hat, ankauft oder sonst sich oder einem Dritten verschafft, sie absetzt oder absetzen hilft, um sich oder einen Dritten zu bereichern, wird mit Freiheitsstrafe bis zu fünf Jahren oder mit Geldstrafe bestraft." (§ 259 StGB)

Diese Strafvorschrift verletzen die deutschen Finanzminister regelmäßig. Sie machen sich mit dem Ankauf von gestohlenen Disketten der Hehlerei schuldig. Kein einziges Urteil, das über die so entdeckten Steuersünder verhängt wurde, hätte vor einem internationalen oder europäischen Gerichtshof

Bestand, doch die Steuersünder ziehen es vor, ihre Strafen zu akzeptieren und zu schweigen. Darauf setzen die Finanz- und Strafverfolgungsbehörden.

Neben dem Vereinigten Königreich, den Niederlanden, Luxemburg und Liechtenstein mit ihren zahlreichen Offshoreplätzen ist natürlich die Schweiz für einen deutschen Steuersünder naheliegend, da man dort seine Sprache spricht und die Schweiz einen schlechten „Ruf" zu verteidigen hat. Dabei muss man aber unterscheiden zwischen legal erworbenem Geld, das nur der Steuer entzogen wurde, und dem schmutzigen Geld. Für beide Arten von Geldern ist die Schweiz ein beliebter Platz. Prof. Jean Ziegler beschreibt seine Schweizer Heimat so: „Um die Schweiz zu verstehen, muss man wissen, dass der Vielvölkerstaat Schweiz eine Illusion ist, weil die Völker nicht zusammen, sondern in gegenseitiger Ignoranz nebeneinanderher leben, und weil die Schweiz kein Nationalstaat im üblichen Sinne ist. Sie ist eine Abwehrgemeinschaft. Wir brauchen die Ausländer. Sie alleine bewahren die Eidgenossenschaft vor dem Zusammenbrechen. Die Schweiz ist zur Hure dieser Welt verkommen. Im Zweiten Weltkrieg war sie Komplize des Dritten Reiches. Die Züricher, Basler und Berner Banken waren die Hehler und die Kreditgeber Hitlers. Die Schweiz war während des Zweiten Weltkrieges die einzige verschonte Industriezone Hitlers, in der er ohne Gefahr Waffen, Munition, optische Instrumente und viele andere kriegswichtige Güter erwerben konnte. Der Waffenkonzern Bührle-Örlikon lieferte die letzten Schnellfeuerkanonen an die deutsche Wehrmacht noch im April 1945. Die Schweizer Banken machten dies möglich, indem sie das den Juden aus den Mündern gerissene Zahngold aus den Konzentrationslagern einschmolzen und in ordentliche Schweizer Franken wuschen. Die Bankoberen waren von einer, in ihrer erdrückenden Mehrheit, Komplizenschaft mit Hitler. Sie waren von einer ungebremsten, bewusstseinsverwüstenden Raffgier beseelt. Für viele Wirtschaftshistoriker resultiert die heutige weltumspannende Finanzkraft der Schweizer Banken aus diesem Kriegsgewinnlertum. Angefangen hat diese Raffgier der Schweizer Banken, wie bereits erwähnt, in der Komplizenschaft mit Hitler, in der Weigerung, die sogenannten nachrichtenlosen Vermögen der von den Nazis ermordeten Juden wieder an die Nachkommen der Opfer herauszugeben, sowie in der Hehlerei und Wäscherei von Hitlers Raubgold, das in kriegswichtige Rohstoffe umgewandelt wurde.“

In der Zwischenzeit finden die eingesammelten und gewaschenen Schmutzgelder und die der Steuer hinterzogenen Gelder fast keine Anlagemöglichkeiten mehr. Transparency International und die OECD haben es zusammengerechnet: Etwa 50 % der weltweit operierenden 145 größten Wirtschaftskonzerne befinden sich in den Händen dieser Geldgeber, die sich hinter Fonds aller Art verstecken. Ganze Volkswirtschaften würden zusammenbrechen, wenn diese Gelder legalisiert oder beschlagnahmt würden. Also hat niemand ernsthaftes Interesse daran, die Offshoreplätze zu schließen. Die Schweizer Kantonalbanken mussten letztes Jahr sogar einen Annahmestopp für Geld verfügen, da sie keine Anlagemöglichkeiten mehr fanden. Strafzinsen müssen heute ausländische Anleger bei vielen Schweizer Banken zahlen, um überhaupt ihr Geld dort unterbringen zu können. Die Offshoreplätze dieser Welt laufen über vor so einem Ansturm an Geld!

DEUTSCHLAND IST FEIGE!

Alle Angriffskriege verbietet das deutsche Grundgesetz. Jeder Auslandseinsatz der Bundeswehr ist juristisch fragwürdig. Die UN-Resolution für die Verteidigung der Menschenrechte der Libyer schließt jeden Einsatz von Bodentruppen aus. Jeder hätte verstanden, wenn Deutschland im Weltsicherheitsrat zugestimmt, aber in der Praxis nur logistische Hilfe geleistet hätte, so wie das Italien, die Türkei, Dänemark, Norwegen, Katar, die Vereinigten Arabischen Emirate, Marokko, Tunesien, Ägypten, Spanien und Schweden tun.

Niemand hat von Deutschland verlangt, wie weiland Erwin Rommel den Wüstenfuchs mit Panzerarmeen nachzustellen und die Schlachten um Tobruk und El-Alamein noch einmal zu schlagen.

Die Stimmenthaltung entspricht dem feigen Charakter der Politiker, die kleingeistig nur auf die nächsten Landtagswahlen schielen. Mehr ist da nicht! Frau Merkel hat sich außerhalb Europas und der NATO gestellt und befindet sich nun in großartiger Gesellschaft mit den Rechtsstaaten Russland und China.

Sie hat sich um Europa nicht verdient gemacht und wird das in Bälde bitter zu spüren bekommen. Deutschland ist international ins Abseits geraten.

DIE VERÄCHTER DES VOLKES – DIE KASTE

Nicht erst seit gestern beschleicht uns alle der leise Verdacht, dass ein tiefer Riss durch Deutschland geht. Dass es eine Kaste aus Politikern, Institutionen, der Finanzbranche, der Industrie und einiger Medienzaren gibt, denen das deutsche Volk eher lästig ist.

Das ganze deutsche Volk soll diesen Leuten, die den Laden schon managen, gefälligst nicht auf die Nerven gehen mit ihrem ewigen Gezeter wegen Hartz IV, Kita-Plätzen, Mindestlöhnen, Aufstockern, Ein-Euro-Jobs, Billiglöhnen, Kinderarmut und Krankenkassenterror. „Herrgott, wenn das Geld nicht reicht, dann sollen doch diese Jammerlappen an die Suppenküchen der Wohlfahrtsverbände, es muss doch niemand hungern in Deutschland", wird sich diese Kaste denken, „aber sie sollen uns nicht mit ihrem ewigen Gemecker auf den Geist gehen!"

Es ist ja auch wahr! Diese Kaste will doch gar nichts mit dem Volk zu tun haben. Es genügt doch, um den Beweis zu erbringen, dass Deutschland so etwas Ähnliches wie eine Demokratie ist, dass alle vier Jahre der „Urnenpöbel" sein dummes Kreuz auf eine dumme Landesliste setzt. Die Kaste sucht sich doch die Politiker schon selbst aus, die wir im Bundestag haben wollen. Nach unserem Wahlsystem hocken doch ohnehin schon 150 Abgeordnete in dieser Quatschbude, die eigentlich auch niemand braucht und die in ihren Wahlkreisen abgewählt wurden. Was soll's, dafür wurde vorgesorgt. Sie wurden auf Landeslisten abgesichert!

Die Kaste sorgt schon dafür, dass die Richtigen ins Parlament kommen, die alle Gesetze schweigend und ahnungslos abnicken, die die Kaste dem Stimmvieh im Bundestag vorlegt. Durch das grundgesetzwidrige Wahlrecht hat die CDU sogar noch eine satte Mehrheit geschenkt bekommen. 24 Überhangmandate fielen ihr zu, mit denen kein Mensch gerechnet hat! Na also! Geht doch!

Die Kaste hat wahrlich andere Sorgen als das dämliche, in sein Schicksal ergebene deutsche Volk. Nun gut, es mault hier und da, dafür gab man ihm fünf Talkshows, Facebook, Internetforen, wo die Leute sich auskotzen können, ohne den Arsch vom Sessel heben zu müssen. Auf die Straße geht ohnehin keiner dieser Dauerstänkerer, hat der Deutsche noch nie gemacht!

Im schlimmsten Fall hat die Kaste dafür einen schlagkräftigen Repressionsapparat! Kinder vermöbeln? Den Bürgern mit Wasserwerfern die Augen ausschießen, was soll's, die von der Kaste reglementierte Justiz und die Polizei werden es schon richten! Nicht umsonst ist Deutschland neben Österreich einer der letzten Staaten mit einer weisungsabhängigen Justiz! Das war immer so und das bleibt auch so! Das hat Hitler schon vor so manchem Unbill bewahrt, warum soll dieser Umstand nicht auch der Kaste nutzen?

Kommt doch neulich so ein Kasper im Bundestag auf die Idee, aufzumucken, weil die Kaste gerade wieder einen Riesendeal für die Banken durchgewunken hat. Dumm, dass der Bosbach auch noch ein Direktmandat hat und die Kaste ihn gar nicht so leicht loswird. Da ergab sich laut „Spiegel Online" nachfolgender hässlicher Dialog zwischen diesem aufmüpfigen MdB und dem Hofschranzen der Kanzlerin:

Dialoganfang:

„Medienberichten zufolge hatte Kanzleramtschef Pofalla Bosbach vor der Abstimmung mit Sätzen wie ‚Ich kann deine Fresse nicht mehr sehen‘ attackiert. Als Bosbach sagte: ‚Ronald, guck bitte mal ins Grundgesetz, das ist für mich eine Gewissensfrage‘, habe dieser geantwortet: ‚Lass mich mit so einer Scheiße in Ruhe.‘“

Dialogende!

Recht hat er, der Pofalla! Man braucht halt ab und zu seine Kettenhunde. Die Kaste hat den sonst zu nichts tauglichen und ewig näselnden Typen aus dem Hintern der Pommernschachtel gezogen, ihm den Feind gezeigt und richtig scharfgemacht! Der hat dieses MdB aber richtig abgebürstet und dann war gut! „Los, zurück ins Gedärm der Kanzlerin, brav!“

Kommt der Komiker von MdB doch tatsächlich mit dem Grundgesetz daher! Hat wohl noch gar nicht gemerkt, dass das Provisorium sein Verfallsdatum seit 23 Jahren überschritten hat? Dass die Kaste längst eine Verfassung gemäß Artikel 146 GG dem deutschen Volke zur Abstimmung hätte vorlegen müssen? Natürlich hat das MdB das nicht gemerkt, denn dieses ist Jurist und auch sonst von eher mäßigem Verstande, wie weiland Ludwig Thoma immer zu sagen pflegte. Wenn der wirklich gut wäre, würde er ja nicht seit 1994 für die paar Kröten im Bundestag herumsitzen.

Außerdem, was heißt hier Verfassung? Und dann noch vom Volk beschlossen? Na, so weit kommt’s noch! Die meinen wohl, die könnten der Kaste ihre Privilegien wegnehmen? Das Volk will Bürgerentscheide? Ja, so blau, wie sollen dann die

Bauaufträge, die Waffendeals und die Bankenrettungsschirme zustande kommen? Etwa durch dieses Volk? Im ganzen Leben nicht! „Das gute alte Grundgesetz muss bleiben, wir haben es uns darin sehr bequem gemacht", denkt sich die Kaste.

Die Kaste lässt sich doch von so einer Gewissensheulsuse nicht aufhalten! Die Konjunktur geht baden, die Billiglöhne müssen gesenkt werden, Hartz IV muss weiter ausgehöhlt werden, die Subventionen für die Unternehmer müssen aufgestockt werden, die Banken brauchen frisches Geld, sonst bricht der DAX ein!

Das sind die Probleme der Kaste, das hat doch alles nichts mit dem Bürger zu tun. Er will auswandern? 150.000 im Jahr? Gut so, sind wir wieder ein paar Defätisten los, denkt sich die Kaste.

Wenn das aber so weitergeht, die Bürger weg sind oder sich dieser Kaste verweigern, was dann? Ja dann muss sich die Kaste ein anderes Volk suchen!

HOLLYWOOD MEETS UCKERMARK

Es ist viel geschrieben worden in den Gazetten der Medienzaren über die Wichtigkeit des Besuches von Barack Obama in Berlin, über die Dramatik der Visiten beim Bundesprediger im Schloss Bellevue und in der Waschküche, in der die Mottenkugel aus der Uckermark haust. Stundenlang ließen sich die Hofberichterstatter auf allen Kanälen über jedes noch so kleine Zeichen des Besuches aus, als ob sie Sterndeuter seien. Kein Kleidungsstück, keine Geste war nebensächlich genug, um nicht zum epochalen historischen Ereignis hochstilisiert und weihevoll gewürdigt zu werden!

Was die Zuschauer und Leser zu sehen bekamen, waren Bilder von einem alerten, sportlichen und breit grinsenden amerikanischen Präsidenten, der sehr genau wusste, dass dieses ganze Affentheater seines Besuches in Berlin nur deswegen veranstaltet wurde, weil die Zonenwachtel aus der Uckermark im Wahlkampf stand und dringend ein paar Bilder brauchte, die ihre spießige Bedeutungslosigkeit in schönerem weltpolitischem Glanze zeigen sollten. Dafür nahm Barack Obama auch in Kauf, dass die sich „mächtigste Frau der Welt" dünkende kurzläufige und unförmige Dame, bar jeder Eleganz oder weiblichen Attribute, sich auf ihren Keulen, die eher an Saustallpfosten erinnern denn an das Bein einer eleganten Dame, aufrichtete, um den amerikanischen Präsidenten auch noch küssen zu wollen. Ergeben nahm der Gast auch diese Zumutung hin. Mal ganz ehrlich, meine Herren, wer will diese Frau auch freiwillig küssen? Riecht sie wohl eher nach Mottenpulver oder nach Kohlrouladen? Brrrrrrrrr!

Noch peinlicher waren dem amerikanischen Präsidenten wohl nur noch die Krokodilstränen, die der Bundesprediger vergoss, weil Barack Obama soeben erfahren hatte, dass über Frau Merkel noch ein feudalistischer Ersatzkaiser residiert. Von einem solchen Grüßaugust wusste der Ami wahrscheinlich bis dato nichts! Gut, dass man dem Präsidenten sicher verschwiegen hat, dass Bundespräsident Gauck im ehemaligen Reichsgästehaus der Nazis haust! Also gut: Die Air Force One, mehrere gepanzerte Hubschrauber der Marines, zwei zum Panzer umgebaute Cadillacs, genannt „The Beast“, und sonst noch rund 50 gepanzerte Limousinen wurden von etwa 500 Leibwächtern des US-Secret-Service eingeflogen und kümmerten sich für die paar Stunden Aufenthalt um die Sicherheit des „mächtigsten Mannes der Welt“ im märkischen Sand von Groß-Berlin. Da Berlin aus bekannten Gründen keinen Großflughafen hat und wahrscheinlich auch nie haben wird, landete der Konvoi des Präsidenten halt im militärischen Teil von Tegel, wo schon die Rosinenbomber ihre Kohle abwarfen! Gewohnt hat die ganze Bagage im „Ritz-Carlton“. Es musste eine Amikiste sein! Das „Adlon“ war denn doch zu popelig!

Es gab angeblich auch historische Themen zwischen den Häppchen und dem „Rotkäppchen“-Sekt zu besprechen. Die Freihandelszone zwischen der EU und Amerika scheint dem Ami ein großes Anliegen zu sein, was wir verstehen! So gelangen das ganze amerikanische Junk-Food und die Segnung von Monsanto doch noch durch die Hintertüre auf den europäischen Markt! Aber irgendwie gebrach es an wirklich historischen Worten. Die hatten Kennedy und Reagan schon verbraucht: „Ich bin ein Berliner“ oder „Reißen Sie die Mauer ab, Herr Gorbatschow“ waren schon verbrannt. Was blieb dem guten Obama? Er warb für Schwule und Lesben, was den Regierenden Bürgermeister und Partylöwen Wowi sicher erfreute

144

und wofür der Präsident in den USA gesteinigt worden wäre. Doch halt! Die zündendste Idee fiel seinen Beratern gerade noch ein: Abrüstung! Klar, das freut doch jeden, außer die Russen! Die lassen sich nämlich nicht mehr über den Tisch ziehen mit der Abrüstung von Atomsprengköpfen, während die US-Army an Russlands Grenzen Raketenabwehrschirme in rauen Massen installiert. Also war auch dieses Thema eine Nullnummer!

Da gab es aber noch ein dummes Gerücht, das Barack Obama weglächeln musste: Sein militärischer Geheimdienst NSA wurde dabei erwischt, wie er im Bundesstaat Utah ein gigantisches weltweites Abhörnetz installiert hatte. „Nicht so schlimm", grummelte die Waldfee aus der Uckermark, „macht unser BND gerade auch! Dient ja nur zu unser aller Schutz vor Terroristen!" Wer sind eigentlich die Terroristen dieser Welt? Und warum haben die Mächtigsten der Welt so viel Schiss in der Hose, sich auf die Straße zu trauen?

Außer Spesen nichts gewesen! Symbolistische Gipfelmania auf Kosten der Steuerzahler, die aber vom Event ausgeschlossen wurden. Geht's eigentlich auch ein paar Nummern kleiner?

DOOF BLEIBT DOOF, DA HELFEN KEINE PILLEN!

Immer wenn wir wieder einmal die mangelnde Bereitschaft des deutschen Michels kritisieren, sich für seine Demokratie zu engagieren, dann werden wir von einer Flut von Ausnahmemusterbürgern mit Vorwürfen überschüttet: „Sie verallgemeinern, Sie scheren alle über einen Kamm, man darf nicht alle Deutschen als Sofademokraten beschimpfen, ich war erst gestern bei einer Demonstration", hallt es uns entgegen. Und natürlich haben diese Menschen Recht! An den letzten Wochenenden war eine gute Gelegenheit, diese Ausnahmen zu besichtigen. Hier die Zahlen:

- 45.000 engagierte Bürger waren beim Fußballspiel Dortmund gegen München.

- 7.500 engagierte Bürger waren auf dem Frankfurter Römer, um die weibliche Fußballnationalmannschaft zu feiern, die die Europameisterschaft gewonnen hatte.

146

- 1.000 engagierte Bürger demonstrierten im Frankfurter Bankenviertel gegen die Allmacht der Banken und ihr verheerendes Verhalten in der Schuldenkrise.

- 500 engagierte Bürger demonstrierten in Bayreuth gegen die bayerische Justiz, die Gustl Mollath seit sieben Jahren zu Unrecht in eine Psychiatrie eingesperrt hat.

- 150 engagierte Bürger demonstrierten in Stuttgart gegen das flächendeckende Ausspionieren von Milliarden von Daten durch in- und ausländische Geheimdienste.

- 1.650 Deutsche sind also Helden, der Rest sitzt auf dem Sofa, mault am Computer oder ist auf Mallorca!

Was macht es also noch für einen Sinn, wenn sich engagierte Journalisten Tag für Tag, Woche für Woche, Monat für Monat, Jahr für Jahr hinsetzen und seitenlange Aufsätze und ganze Bücher über die großen Demokratiedefizite in Deutschland schreiben? Was soll das noch für einen Sinn haben, wenn Journalisten den Deutschen immer wieder eintrichtern, dass sie gar nicht in einer Demokratie leben, dass sie gar keine unabhängige Justiz haben, dass sie keine Trennung von Judikative, Exekutive und Legislative haben, dass ihnen durch Winkelzüge eine Verfassung verweigert wird, dass der Konkordatsvertrag zwischen Hitler und dem Vatikan immer noch Rechtsgültigkeit hat? Dass in deutschem Namen Kriege geführt werden, Waffen in Krisengebiete exportiert werden, die Banken außer Rand und Band geraten sind und sich jeglicher Kontrolle verweigern?

Der Großteil der Deutschen scheint doch zufrieden zu sein mit seiner Scheindemokratie und wählt alle vier Jahre immer dieselben Parteien wieder, die dieses System vertreten. Die

Politiker wissen das und lachen dem deutschen Michel frech ins Gesicht: „Mach was dagegen!" Sie kennen ihre Bürger und wissen ganz genau, dass ihnen vom deutschen Volk keine Gefahr droht!

Doch wissen wir, dass einige Denker unter uns sind und sich unermüdlich und selbstlos für die Demokratie einsetzen, doch seid euch bewusst: Solange dieses System besteht, haben eine Demokratie und die Menschenwürde keine Chance.

Mit diesen gesammelten Werken, die mit Sicherheit nicht jedem Gusto entsprechen, wünschen wir alles erdenklich Gute für die Zukunft und wenn es euch bewegt, dann verbreitet es, wenn nicht, teilt es uns mit. Kontroverse, mit Respekt geführte Dialoge sind der Beginn einer hoffentlich besseren Zukunft.

Alles Liebe
IRONIMUS online

EINIGKEIT UND RECHT UND FREIHEIT

Was die Freiheit ist bei den Germanen,
die bleibt meistens schwer inkognito.
Manche sind die ewigen Untertanen,
möchten gern und können bloß nicht so.
Denn schon hundert Jahr
trifft dich immerdar
ein geduldiger Schafsblick durch die Brillen.
Doof ist doof.
Da helfen keine Pillen.

Was Justitia ist bei den Teutonen,
die hat eine Binde obenrum.
Doch sie tut die Binde gerne schonen,
und da bindt sie sie nicht immer um.
Unten winseln die
wie das liebe Vieh.
Manche glauben noch an guten Willen ...
Doof ist doof.
Da helfen keine Pillen.

Was die Einigkeit ist bei den Hiesigen,
die ist vierundzwanzigfach verteilt.
Für die Länder hat man einen riesigen
Schreibeapparat gefeilt:
Hamburg schießt beinah
sich mit Altona;
Bayern zeigt sich barsch,
ruft: „Es lebe die Republik!"
Jeder denkt nur gleich

an sein privates Reich ...
Eine Republike wider Willen.
Deutsch ist deutsch.
Da helfen keine Pillen.

(Kurt Tucholsky)